本书是2021年度上海市教育科学研究项目"新技术支持下幼儿园运动课程科学性检测分析与研究"（立项编号:C2021288)的重要研究成果之一。

新技术支持下
幼儿园运动课程的研究与实践

让每一位翔殷幼儿乐动成长

上海市杨浦区翔殷幼稚园 编著

U0368834

上海交通大学出版社
SHANGHAI JIAO TONG UNIVERSITY PRESS

内容提要

随着智能运动手环等智能科技的引入，学前运动教育样态面临新的转型需求和发展契机。本书基于翔殷幼稚园的特色运动育人实践，展现了新技术支持下的幼儿园运动课程的理论与实践图景。本书既包含对新技术与幼儿运动课程发展的学理分析，又突出具体活动案例的实践价值，并从核心价值、管理架构、队伍建设、家园共育等角度介绍了整体的育人布局。在智能手环等新技术的支持下，幼儿运动教育的价值不再局限于强身健体，更能够对幼儿的品行养成、个性发展等多方面提供助力，有助于实现从运动健体到运动育人的转型。本书以新技术支持下运动课程为突破口，达到了理论与实践的有机结合，此书为广大学前教育研究者、一线教师等提供更多新的思考。

图书在版编目（CIP）数据

新技术支持下幼儿园运动课程的研究与实践：让每一位翔殷幼儿乐动成长 / 上海市杨浦区翔殷幼稚园编著.
上海：上海交通大学出版社，2024.11 —— ISBN 978-7-313-31750-6

Ⅰ. G613.7

中国国家版本馆 CIP 数据核字第 2024C2V826 号

新技术支持下幼儿园运动课程的研究与实践
——让每一位翔殷幼儿乐动成长
XINJISHU ZHICHI XIA YOU'ERYUAN YUNDONG KECHENG DE YANJIU YU SHIJIAN
——RANG MEIYIWEI XIANGYIN YOU'ER LEDONG CHENGZHANG

编　　著：上海市杨浦区翔殷幼稚园				
出版发行：上海交通大学出版社		地　　址：上海市番禺路951号		
邮政编码：200030		电　　话：021-64071208		
印　　制：上海新华印刷有限公司		经　　销：全国新华书店		
开　　本：710mm×1000mm　1/16		印　　张：11.5		
字　　数：193千字				
版　　次：2024年11月第1版		印　　次：2024年11月第1次印刷		
书　　号：ISBN 978-7-313-31750-6				
定　　价：88.00元				

《3—6 岁儿童学习与发展指南》将"健康"领域放在第一位，彰显了幼儿身心健康发展对于其未来发展的奠基作用。运动教育作为遵循生长发育规律和身体活动规律的社会活动，对于增强幼儿体质、形成积极心态、促进心理和情感的健康发展等具有重要意义。随着数字化时代、智能时代的到来，幼儿运动教育面临新的发展机遇，在教育的内容、方式、手段等多方面迎来转型契机。

自 1986 年创建起，上海市杨浦区翔殷幼稚园（以下简称：翔殷幼稚园）便注意到了幼儿运动教育的独特价值。近 40 年来，秉持"自主乐长　活力向阳"的教育理念，坚守初心、不断开拓，逐渐形成具有园本特色的运动课程体系。面对学前教育高质量发展的要求，翔殷幼稚园在原有实践的基础上，积极探索如何以新技术赋能幼儿园运动课程深入发展。结合《新技术支持下的幼儿园运动课程科学性检测分析与研究》市级课题，充分发挥智能运动手环的作用，开发"翔殷幼稚园运动健康平台"，通过全面的数据分析优化运动课程设计，为每一位幼儿提供个性化、精准化的支持，有效促进其身心健康发展和持续成长。在此背景下，本书应运而生。

全书共有七个章节。第一章对新技术支持下幼儿园运动课程开展的背景进行介绍；第二章回顾翔殷幼稚园课程发展过程中形成的核心价值体系，并综述相关研究；第三章讲述智能运动手环赋能下科学实施幼儿运动的内涵、平台介绍、要素、建设逻辑等；第四章聚焦实践，以典型案例全方位展现翔殷幼稚园如何利用新技术展开运动课程；第五章着眼于全局发展，从教师专业发展、家园合作沟通两个维度讲解如何系统推进运动课程建设；第六章对新技术支持下运动课程的实施成效进行了总结，主要分为幼儿能力提升、教师专业发展、运动课程进阶三方面；第七章则对全书做了回顾与展望。每个章节都涵盖了与翔殷幼稚园运动教育实践密切相关的子话题，从研究背景到实践执行，再到数据分析和教育模式的未来趋势等，尽力做到全面而细致。

总体而言，本书立足新技术支持下的幼儿园运动课程，既含理论之思辨，又有实践之智慧，为学前教育和技术的深度融合做出了有益探索。本书的完成得益于翔殷幼稚园全体教职工的共同努力和家长、幼儿的全面支持。愿此书能够为广大学前教育研究者、一线教师等提供新的思考，为办好人民满意的教育贡献力量！

目录

1

第 一 章

追根溯源明理路

学前教育阶段是孩子成长发育中至关重要的阶段，也是构建健康人格和全面发展的关键时期。在这个阶段，幼儿接受的教育将对其一生的学习、生活和健康产生深远的影响。因此，学前教育不仅仅是教授知识，更重要的是促进幼儿的身心健康，培养幼儿的社交能力、创造力和综合素养。体育教育在学前教育中扮演着至关重要的角色。

第一节 答时代之问：学前教育高质量发展应有之义

体育教育对幼儿的全面成长起关键作用。首先，体育活动可以促进幼儿的身体发育与健康。通过各种运动锻炼，幼儿可以增强体质、提高免疫力、预防肥胖等，培养良好的生活习惯。其次，体育活动有助于培养幼儿的协调能力、灵活性和运动技能，提高幼儿的运动水平和动手能力。再次，体育活动也有助于培养幼儿的团队合作意识和竞争意识，培养幼儿的团队精神和领导能力。此外，体育活动还可以促进幼儿的情感发展，增强幼儿的自信心和自尊心，培养其良好的情绪管理能力。总之，体育教育对幼儿的身心健康发展具有积极作用。

通过体育教育，幼儿可以获得全面的身体锻炼，培养良好的运动习惯，提高身体素质，增强体魄，培养团队合作意识和领导能力，促进情感发展，增强自信心和自尊心，为全面发展奠定坚实的基础。因此，各级政府对学前教育阶段体育教育的重视和支持，对幼儿的身心健康发展具有重要意义。

国家高度重视学前教育阶段的体育教育，将其纳入了相关法律法规和政策文件中。首先，在《中华人民共和国义务教育法》中，对学校体育锻炼提出了明确要求。根据该法，学校应当加强学生的体育锻炼，组织学生参加体育活动，培养学生的体育兴趣和锻炼习惯，促进学生身心健康发展。[①] 这一要求也

---

① 中华人民共和国义务教育法 [EB/OL]. (2005-05-25) [2023-11-15]. https://www.gov.cn/banshi/2005-05/25/content_920.htm.

适用于学前教育阶段，要求学前教育机构应当注重幼儿的体育锻炼，培养幼儿的体育兴趣和锻炼习惯。其次，在《幼儿园教育指导纲要》中也对幼儿体育锻炼提出了具体要求。该指导纲要明确提出，园所要注重幼儿的体育活动，通过游戏、健美操、户外活动等形式，开展适合幼儿特点的体育锻炼。同时，要求园所建立健全的体育活动组织机制，制定体育活动计划，合理安排体育活动时间，确保幼儿得到充分的体育锻炼。① 国家层面的政策明确要求学前教育阶段的体育教育，强调体育锻炼对幼儿身心健康的重要性，并要求学前教育机构合理组织体育活动，培养幼儿的体育兴趣和锻炼习惯。这些政策和要求为学前教育阶段的体育教育提供了明确的指导，促进了幼儿身心健康的全面发展。

上海市在学前教育阶段的体育教育方面也制定了相关政策和要求，以促进幼儿的身心健康发展和全面成长。上海市学前教育发展规划重视体育教育，提出了对幼儿体育教育的要求和指导。规划中明确提出，学前教育阶段应当注重幼儿的体育锻炼，组织幼儿参与各类体育活动，培养幼儿的体育兴趣和锻炼习惯。同时，规划还强调要建立健全的体育教育机制，制定体育教育计划，加强师资队伍建设，提高园所体育教育的质量和水平。② 上海市学前教育质量标准中也包含了对体育教育的要求。在该标准中，对园所的体育教育提出了具体指导，要求园所注重幼儿的体育活动，通过游戏、健美操等形式，组织幼儿进行体育锻炼。同时，要求园所建立健全的体育教育工作机制，加强对幼儿体育教育的组织和管理，确保幼儿得到充分的体育锻炼。③ 上海市强调体育教育对幼儿的身心健康和全面发展的重要性，提出了具体的指导和要求，为学前教育阶段的体育教育提供了有力的支持和指导。

杨浦区在对学前教育阶段的发展规划中非常重视体育教育，旨在促进幼儿全面健康成长，规划要求园所设立专门的体育活动场所，并配置适宜的体育设施和器材，以确保幼儿能够进行安全、高效的体育活动。此外，园所还需要制

---

① 中华人民共和国教育部.幼儿园教育指导纲要（试行）[S].北京：北京师范大学出版社，2001.
② 上海市教育委员会.上海市学前教育与托育服务发展"十四五"规划[EB/OL].(2022-01-10)[2023-11-16].https://www.shanghai.gov.cn/gwk/search/content/241fb3bef1dd41348d29dc2b4d028224.
③ 上海市教育委员会教学研究室.上海市幼儿园办园质量评价指南（试行稿）[M].上海：上海教育出版社，2021.

定具体的体育教育计划，确保每周都有一定时间用于体育活动，从而帮助幼儿培养良好的运动习惯和体育意识。为了更好地实施体育教育，园所教师需要负责组织和指导幼儿的体育活动，确保活动的质量和效果。教师应当根据幼儿的年龄特点和身体发展情况，量身定制适宜的体育活动内容和方法，关注幼儿的体育兴趣和能力培养，鼓励他们参与各种体育运动和游戏。此外，为了拓展幼儿的体育视野，园所还应加强与社区体育组织的合作，促进幼儿参与体育比赛和活动，以培养他们的团队合作意识和竞技精神。最重要的是，园所要确保体育活动的安全性，采取必要的安全措施和监护措施，让体育教育成为幼儿健康成长的助力之一。

国家、上海市以及杨浦区学前教育发展规划对体育教育的要求，为翔殷幼稚园的运动课程实践提供了良好的导向。根据国家、上海市以及杨浦区对学前教育发展规划的要求，翔殷幼稚园结合实际情况，设计和实施了一套有针对性的运动课程，帮助幼儿全面发展身体素质和运动技能，并培养其对体育活动的兴趣和积极的精神。

第二节　顺技术之势：信息化时代下的育人样态转型

信息化时代为教育领域带来了革命性的变化，包括教育理念、教育方式和教学效果等方面。在幼儿园教育中，信息技术的应用也带来了许多新的可能性和潜力，特别是在运动课程中。通过信息技术可以提供个性化的运动课程，根据幼儿的兴趣和能力进行量身定制的运动活动，这恰恰符合现代教育理念。

传统教育理念注重知识的一般传授，而现代教育理念则强调个性化教育、全人教育和创新教育。这种理念的变化，对于幼儿运动课程的教学也产生了很大的影响。首先，个性化教育的理念要求幼儿运动课程的教学要因材施教。每个幼儿的身体素质和能力都不同，采用统一的教学方法和课程设置无法满足每个幼儿的需要。因此，在幼儿运动课程中，应该注重教师对每个幼儿的身体素质和能力情况的了解，根据幼儿的特点制定有针对性的教学计划。其次，全人教育的理念要求幼儿运动课程的教学应不仅关注身体素质的提高，还要注重身心的协调发展。在幼儿运动课程中，可以通过各种运动项目和游戏来培养幼儿的协调能力、平衡感和反应能力等方面的综合素质，从而帮助幼儿全面发展。最后，创新教育的理念要求幼儿运动课程的教学方法要紧跟时代的发展，采用新的教学手段和技术。信息技术在幼儿运动课程中的应用，可以帮助教师更好地了解、分析幼儿的身体状态和行为习惯，同时也可以为幼儿提供更加生动、多样的教学内容和体验。

传统教学方式注重知识的单向传授，而现代教学方式则更强调学生自主学习和互动式教学。教育方式的变化意味着可以利用数字化的运动游戏、互动式的多媒体教学以及虚拟现实技术来丰富课堂内容，激发幼儿的兴趣，提高学习效果。在幼儿运动课程中，采用互动式教学的方式可以更好地激发幼儿的学习兴趣和积极性。例如，在健康体操、游泳等课程中，教师可以与幼儿一起进行动作演练或者比赛，让幼儿在活动中快乐地成长。同时，可以通过图像、音频、视频等多媒体手段，为幼儿提供更加生动、直观的教学内容，使得幼儿更容易理解运动知识并掌握运动技能。此外，信息技术也为幼儿运动课程的教学方式带来了新的变化。例如，虚拟现实技术可以将幼儿带入不同的运动场景中，让幼儿在虚拟环境中学习和体验各种运动项目；智能穿戴设备可以监测幼儿的身体状态和运动数据，从而帮助教师更好地了解幼儿的身体状态和运动技能，以便进行更加有针对性的教学。

传统教学方式注重知识的理论灌输，而现代的教学方式则更强调培养学生的综合素质和实践能力。教学效果的变化则意味着信息技术可以帮助幼儿园更好地评估和跟踪幼儿的运动发展，实时监测幼儿的运动数据，了解他们的运动量、运动技能掌握情况等，从而更好地指导和调整运动课程。在幼儿运动课程中，采用现代的教学方式可以更好地提高幼儿的实践能力和综合素质。例如，通过团队游戏等活动，可以培养幼儿的团队合作精神、竞争意识和自信心；通过体育比赛等活动，可以激发幼儿的兴趣和热情，同时也可以考察幼儿的运动技能和身体素质。此外，信息技术也为幼儿运动课程的教学效果带来了新的变化。例如，智能穿戴设备可以实时监测幼儿的身体状态和运动数据，从而评估和反馈幼儿的运动效果和进步情况；虚拟现实技术可以为幼儿提供更加真实的运动体验，从而增强幼儿的兴趣和自信心。

幼儿园教育中，已经有一些探索性的信息技术应用，例如利用智能投影仪进行互动式运动课程，使用数字资源开展健身锻炼、舞蹈教学等。这些探索表明，信息技术在幼儿运动课程中有着广泛的应用前景，并且可以帮助幼儿更好地学习和掌握各种运动技能，提高身体素质，增强兴趣和自信心。虚拟现实技术可以将幼儿带到不同的运动场景中，让幼儿在虚拟环境中学习和体验各种运动项目。通过虚拟现实技术，幼儿可以更加直观地理解运动技能和规则，并且在安全的环境中进行练习和体验。多媒体教学手段可以为幼儿提供更加生动、直观的教学内容。例如，通过图像、音频、视频等多媒体手段，可以为幼儿呈现运动技能和规则，增强幼儿的理解和记忆。互动式教学可以更好地激发幼儿的学习兴趣和积极性。通过互联网，教师可以获取到各种运动项目的教学视频、图文资料等，从而为幼儿提供更加全面、系统的运动教学。

总的来说，信息技术在幼儿园运动课程中的应用给教育领域带来了革命性的变化。从教育理念、教育方式到教学效果，都呈现出了新的可能性和潜力。未来，随着虚拟现实技术模拟体育运动场景技术的成熟、智能运动监测设备的广泛应用以及多媒体教学手段的不断丰富，幼儿园运动课程的教学内容和方式必将得到进一步提升，从而更好地促进幼儿的全面发展。

第三节　重教育之本：儿童发展优先理念的具象表征

儿童发展优先理念是重教育之本，是指在教育中以儿童的全面发展为出发点和归宿，尊重儿童的个性、兴趣和需求，努力创造良好的教育环境和条件，促进儿童的身心健康和全面发展。具象表征主要包括：重视儿童的体育锻炼和营养保健，创造良好的生活和学习环境，尊重儿童的个性，兴趣和需求，注重培养儿童的创造性思维和实践能力，鼓励儿童积极参与各种活动和体验，重视儿童情感体验和社交能力的培养，注重培养儿童的自信心、自尊心和自立精神，帮助儿童建立起健康的人际关系和互助合作的意识，实现家校合作，制定出适合儿童发展的教育计划和措施，最终为儿童提供更好的成长环境和条件。

儿童发展优先理念的具象表征涵盖了多个方面，包括：身体健康，以儿童为中心的教育，优质的教育环境，情感体验和社交能力的培养，家校合作等。通过重视这些方面的实践，可以有效地促进儿童的全面发展和成长。因此，我们应该在教育实践中不断强化这些具象表征，真正将儿童发展优先理念融入教育的方方面面，为每一个孩子提供良好的成长环境和机会，让每一个孩子都能够茁壮成长。

优先保障儿童的身体健康是儿童发展优先理念的具象表征之一，是指社会各界应该将儿童的身体健康放在首位，为儿童提供良好的生活环境、饮食和医疗保障，确保他们健康成长。这一理念的具象表征包括建立健全的儿童健康保障体系，即完善的儿童医疗服务网络、健全的儿童健康档案管理系统，以及专门针对儿童的健康教育和预防保健措施等。此外，还包括对儿童生活环境的关注和改善，例如提供干净的饮用水、良好的卫生设施、安全的游乐场所等，从而切实保障儿童的身体健康。优先保障儿童的身体健康一般需要为儿童提供一个干净、卫生、无污染的生活环境，确保他们的居住地、学校和公共场所的卫生标准符合相关规定；提供多样化、均衡的饮食，儿童需要获得充足的营养来支持他们的生长和发育，教育者应该提供多样化、均衡的饮食选择，确保儿童获得足够的维生素、矿物质和其他营养素；鼓励儿童参加适合其年龄的体育活动，如体育游戏、户外运动等，以促进他们的体能发展和提高身体协调能力；定期进行身体检查和健康评估，这样可以及时发现儿童的健康问题，并采取相应的预防和治疗措施，教育机构和家庭应该定期安排儿童体检，并关注他们的身高、体重、视力、听力等方面的健康情况；培养良好的卫生习惯，教育儿童养成良好的卫生习惯，如勤消毒、饭前便后洗手、保持个人卫生等。

优先保障儿童的身体健康有助于预防传染病和促进幼儿健康成长，这不仅是一项重要的社会责任，更是为了培养健康、有活力的下一代，为国家的可持续发展和未来的繁荣做出贡献。翔殷幼稚园在教育实践中不断强化优先保障儿童身体健康的理念，真正将儿童发展优先理念融入教育方方面面，为促进儿童身体健康而不懈努力。

应实践之需：园市运动实践的纵深发展要求

2018 年我国首部《学龄前儿童（3—6 岁）运动指南》提出幼儿每天进行中等及以上强度的身体活动时长累计应不少于 1 小时。2018 年 11 月，中共中央国务院印发了《关于学前教育深化改革规范发展的若干意见》，对新时代学前教育的深化改革和规范发展作出了重大决策部署。针对当前上海学前教育面临的问题和挑战，上海公布了《关于推进学前教育深化改革规范发展的实施意见》。其中，一是对"提升幼儿园办园质量"提出要求，鼓励园所开展与医学、体育、文化等多领域结合的实践和研究；园所需积极探索建立医教结合、体教结合机制，做好幼儿在园期间的健康监测和管理。二是对"推进学前教育信息化建设"提出要求，鼓励教师常态化利用信息技术开展教学模式创新研究与实践，促进信息技术有效融入学前教育教学过程；园所需提升学前教育数据管理水平，实现教育数据的全面、及时、精准采集与归集共享，构建过程性评价诊断模型。[①]

翔殷幼稚园园本运动实践的纵深发展正是顺应了这一要求，围绕提高幼儿科学运动的质量和效果而推进。在这个过程中，园所需要以数字化赋能幼儿科学运动，教师则需要科学地组织幼儿运动。第一，园所利用科技设备和资源，如智能平板电脑、互动投影仪等，结合优质的教育软件和应用程序，为幼儿提供丰富多样的科学运动体验。例如，使用交互式游戏或虚拟现实技术来模拟各种运动场景，让幼儿身临其境地参与运动活动。第二，利用信息化手段，园所可以记录幼儿的运动数据和行为，进行个性化的运动指导和评估。第三，园所利用互联网资源，引入优质的虚拟教学资源，如在线视频课程、教育游戏等，

[①] 中共上海市委，上海市人民政府 . 中共上海市委、上海市人民政府关于推进学前教育深化改革规范发展的实施意见 [EB/OL]. (2020-03-31) [2023-11-17]. https://www.shanghai.gov.cn/nw44142/20200824/0001-44142_64604.html.

为幼儿提供多元化的运动学习内容。这些资源可以激发幼儿的学习兴趣，拓展他们的运动知识和技能。第四，通过互联网平台，园所可以与家长分享幼儿的运动表现，促进家校合作，共同关注幼儿的体育健康成长。

在实践过程中，教师一是要根据幼儿的年龄特点和兴趣爱好，设计丰富多样的运动活动。通过有趣的游戏、挑战性的任务和团体合作等，激发幼儿的运动积极性，培养他们的协调能力、灵活性和创造力。第二，应注重幼儿的主动参与和积极体验，鼓励他们探索和发现运动的乐趣。第三，要观察和倾听幼儿的反馈，及时调整运动活动的内容和难度，使幼儿能够获得满意的运动体验。第四，要注重运动技能的指导和培养，有针对性地指导幼儿的运动技能和动作规范，帮助他们掌握正确的运动姿势和技巧。通过分组训练、个别辅导等方式，提供个性化的运动指导，促进幼儿的技能发展。第五，要关注幼儿的安全和健康，在组织幼儿运动时应始终关注幼儿的情况。教师要确保运动场地和设备的安全性，引导幼儿正确使用运动器材，提供必要的防护措施，避免运动中的意外伤害。

通过园所"数字化赋能幼儿科学运动"和教师科学组织幼儿运动，能够更好地促进幼儿体育活动的纵深发展，提高幼儿的运动素养和整体健康水平。翔殷幼稚园作为一所以"运动"为办园特色的园所，在发展历史中已初步形成了适宜运动的园所环境，有幼儿运动研究气氛的校园文化，有开展幼儿运动的专业教师队伍，有对运动感兴趣的健康幼儿。通过园所的数字化赋能和教师的科学组织，则更为有效地促进了幼儿科学运动的实践和发展，这为幼儿提供了更加丰富多样的运动体验，有助于培养他们健康的身心素质，促进全面发展。同时，这也需要园所和教师不断学习和创新，适应信息化时代的需求，不断提高自身的专业能力和素养。

推动园所体育教育的信息化建设和科学组织，是促进幼儿全面发展的必然选择，也是学前教育深化改革规范发展的重要方向之一。园所和教师应该发挥自身优势，积极探索适合幼儿的运动方式和方法，不断提高幼儿参与运动的积极性和乐趣，让幼儿在健康快乐的环境中成长，为幼儿的未来发展奠定坚实的基础。

2

第 二 章

不忘初心·启征程

走得再远，都不能忘记来时的路。新技术支持下的翔殷运动课程并非凭空产生，而是植根于一脉相承的园所文化体系，借力于全面扎实的前人研究成果，脱胎于积淀丰厚的阳光特色活动。云程发轫，万里可期，立足原点，鉴往知来，每一步走过的路，共同构成了翔殷运动课程的崭新图景。

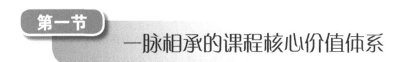

第一节　一脉相承的课程核心价值体系

一、园所简介

上海市杨浦区翔殷幼稚园创建于 1986 年 7 月，2011 年被评为上海市示范性幼儿园，目前一园两部，是一所以"运动"为办园特色的幼儿园，教师队伍教风积极、勇于创新，拼劲和干劲十足，是一支教育教学水平优良的队伍。园所被评为上海市教师专业发展示范校暨见习教师规范化培训基地、上海市"十二五"家庭教育指导实验校、上海市数字化实验园、上海市青年文明岗，并连续多年荣获区文明单位、区教育办学先进单位、区科研工作先进集体等各类荣誉称号。个人方面，教职工曾被评为市、区级园丁奖，市优秀保育工作者，市教育系统三八红旗手，区百花杯教学评比一等奖，小荷杯教学评比二、三等奖等。

办园三十余年来，翔殷幼稚园始终遵循幼儿身心发展的特点和规律，秉承"自主乐长　活力向阳"的办园理念，努力让每一个生命实现全面、自主、和谐的发展。多年来，通过开展"运动"特色发展的实践研究，翔殷幼稚园确立了具有运动特色的培养目标和课程内容，强化了运动师资队伍建设，形成了独特的运动教育风格，教学质量稳步上升。携手家庭、社区等多方力量，形成立体、三维的运动教育大环境，深化构建"共同体模式"，推动园所教育和家庭教育协调发展。推动教科研训一体化，立足实践工作，推动运动教育的总结与升华。总之，翔殷幼稚园作为示范幼儿园，在社会上积累了良好的声誉，得到了家长和社会的一致认可与信赖。

二、办园文化

翔殷幼稚园的办园文化可以概括为"三乐"文化，包括"乐动""乐和"和"乐创"。整体解读如下：

乐动、乐和、乐创是园所及其主体重要的成长与发展方式，包含着对真善美的内在价值追求，即以乐动向善，以乐和生美，以乐创求真，最终指向幼儿与教育者共同的充满愉悦的成长。在三乐文化下，各教育主体充满向上的活力，共同构建多元多样、和谐温馨、开放包容的育人场域，让每一个个体都能感受到积极的能量，积聚行动的愿望与力量，在主动的探索体验中收获成长的愉悦，享受共同成长的幸福。

三、办园理念

翔殷幼稚园的办园理念是："自主乐长　活力向阳"。其内涵诠释如下：

"自主"是成长的前提，"乐长"是成长的方式；"活力"是成长的状态，"向阳"是成长的方向。"自主乐长"是个体成长与主体发展的内在逻辑，"活力向阳"是教育者与幼儿最终展现出的成长态势。

"自主乐长"是指教育者和幼儿在教育活动中凸显自主性的乐动、乐和与乐创。

"自主"即自主成长与发展。"自主"强调教育者对幼儿成长规律和教育规律的遵循，以此创造师幼自由探索、自主成长的开放式育人环境。"自主"是快乐的内在要求。个体只有在自主的状态下开展行动，即怀着好奇心主动而兴趣盎然地行动，才有可能在过程中获得成长的成就感、满足感、愉悦感，即"乐长"。

"乐长"即乐于生命的成长。"乐长"包含着"乐动""乐和""乐创"。教育者与幼儿在自由自主的活动中、包容共生的和谐氛围中、充满智慧的创造中得以感受生长的魅力，收获成长的愉悦。

"活力向阳"是教育者与幼儿共同展现出的阳光而进取的积极生长态势。

"活力"是指教育者和幼儿富有生命力的积极成长状态；"向阳"则是进取的方向，教育者和幼儿在自主的充满活力的教育活动中向往光明，追求真善美的境界，实现家园社善育、教师善教、幼儿善玩。

"自主乐长　活力向阳"意味着园所追求每一个个体基于自主行动的快乐生活、愉悦成长。通过创建开放性、支持性的育人空间，创设丰富多彩的育人活动，构建家园社联动育人的阳光共同体，关注和尊重每个个体的成长发展需要，鼓励个体的乐动、乐和、乐创，以此焕发个体成长的活力、教育生长的活力、园所发展的活力，促进个体的全面自主和谐发展，实现教育主体共同的向阳而生。

四、课程理念

翔殷幼稚园的课程理念是"让每一个孩子享受乐动的幸福"，这主要包括了园所的儿童观和课程观两方面。

其中儿童观是让每一个孩子都能从自主的运动、活动中收获快乐，并能够在乐动中实现全面而和谐的发展，享受成长的愉悦与幸福。课程观是课程的设计与实施遵循幼儿发展优先的原则，努力为幼儿的自主乐动创造条件。在课程设计上，尊重幼儿的主体地位，为幼儿提供多样的选择和广阔的空间，鼓励幼儿的自由探索与自主行动；在课程实施上，关注幼儿自主活动的过程以及在活动中的积极情感体验，引导幼儿在运动等活动中以积极的情感与态度挑战自我、合作互助、战胜困难、实现成长，在此过程中收获愉悦、享受幸福。

五、课程目标

翔殷幼稚园的课程目标是创造一个多元多维的体育生活化空间，让每个孩子都能拥有健康的体魄、坚强的意志，培养健康活泼、好奇探究、文明乐群、勇敢自信、亲近自然、爱护环境，且有初步责任感，爱运动、有精神、善技能的幼儿。

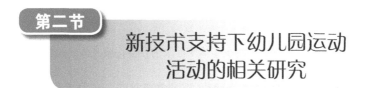

第二节 新技术支持下幼儿园运动活动的相关研究

一、幼儿运动活动的相关研究

《中国儿童青少年身体活动指南》明确推荐儿童每天进行中高强度的身体

活动。① 对于孩子而言，运动能解除孩子的压力；帮助孩子建立纪律，从运动游戏中了解规则；增强孩子的自信。总之，养成良好的运动习惯将受益终生。3—6 岁是幼儿运动发展的重要时期，幼儿在这个阶段学习运动技能可以促进其速度、力量、协调和平衡等运动能力和体质的发展。② 世界卫生组织和 2018 年我国首部《学龄前儿童（3—6 岁）运动指南》都提出幼儿每天中等及以上强度的身体活动累计应不少于 60 分钟。因此，运动对幼儿非常重要，在幼儿园如何科学、合理地开展运动课程及活动，增强儿童的运动意识、养成良好的运动习惯，一直是幼儿教育人士关注的重要问题。

在强化幼儿运动课程及活动的过程中我们发现，幼儿园教师的体育专业性知识水平参差不齐；很多教师对时间和运动量之间的关系把握不足；多数教师仅仅依靠自己的经验对幼儿的表情、出汗情况、运动情绪等进行观察，以此评价幼儿体育活动。当我们观察评价幼儿时，不能只凭一时看到的情景或是偶发的事件就对幼儿的行为做出判断，而是应该在客观、综合分析的基础上，对幼儿在运动中的行为表现、能力水平做出准确、积极的评价。③ 为教师提供科学、客观、综合分析幼儿运动情况的手段，对幼儿运动课程及活动工作的促进至关重要。

对于运动强度的研究，已有研究者借助心率监测，早期仅仅停留在脉搏测试法④；后来将生理测定量表（心率、血压、出汗、呼吸等生理指标）与观察记录相结合。但是，该测试需要使用专用的设备和仪器，也需要一定的经济支持，局限性较强。⑤ 对体育活动中的运动强度测评的深入研究发现，可以通过对参与体育活动者的心率进行监测，配合教师对于运动者的运动行为的直接观察法以及运动者自身运动后的情况反馈，以三个维度相结合的方式对运动强度进行测量与评价，从而将"体育活动"进阶成为"有效的体育活动"。⑥

---

① 韩姗姗，李博. 协同治理视角下青少年体质健康的社会化服务体系构建研究 [J]. 文体用品与科技，2023(14): 34-36.

② 孙世娇，张以. 成都市幼儿排球特色活动内容设置研究 [J]. 当代体育科技，2022, 12(29): 103-106.

③ 吴端萍. 运动区中幼儿学习与发展的观察评价 [J]. 福建教育，2015(Z3): 69-70.

④ 滕守峰. 体育教学中运动负荷的调整与控制探析 [J]. 文体用品与科技，2018(21): 142-143.

⑤ 庄秋萍. 户外自主性体育游戏中幼儿运动智能评价的实践研究 [J]. 早期教育（教育科研），2019(06): 35-38.

⑥ 陶春雷. 基于健康体适能幼儿体育活动的评价体系研究 [J]. 才智，2018(35): 1.

随着教育工作研究者对幼儿运动情况研究的不断深入，在分析过程中发现除了依靠心率监测，身体活动水平也是重要因素。研究表明：儿童身体活动水平下降是影响身体素质的重要行为因素。同成年人二者之间存在明确的关系证据相比，儿童身体活动与身体素质之间的关系更复杂，特别是对于儿童早期阶段。[①] 此外，研究也证实早期的基本动作技能获得对身体素质也有积极的作用。[②] 国内外研究均发现幼儿规律性的中高强度体育活动时间越长，就越有助于其运动技能的发展；[③] 同时较高水平的基本动作技能也可以促进其参与体育活动，增加身体活动量，[④] 为儿童青少年时期甚至终身运动提供有利条件。[⑤] 相对于国外，我国现阶段对幼儿基本动作技能的实证研究较为缺乏。早期的儿童青少年基本运动技能（FMS）测评工具多是以定量测试为主，采用威廉姆斯学前儿童动作发展检查表与动作测量法，为对幼儿的动作发展水平进行精细准确的评估，且为方便后续对量表的修改，同时采用影像记录法，可在分析评估时慢放、逐帧进行仔细辨别，以期研制出更加精准、方便的大肌肉群动作发展评估量表。[⑥] 而近几年的测试多是以定性测试为主，动作发展的研究重点已经从动作的结果转变为动作的过程。同时，如何全面准确地对我国幼儿基本动作技能进行测评也缺乏适宜的工具。

幼儿在体育课程和活动中的感受关系到运动效果、兴趣的激发及习惯的养成，因此非常重要。如何根据幼儿参与体育活动后的感受来调整、优化这些体育活动，需要一定的过程性评价。现在较为普遍的评价方法与策略方式是在体育活动结束以后，通过教师整理、加工和幼儿表达、交流，以总结和展示户外

① Zaqout M, Michels N, Bammann K, et al. Influence of physical fitness on cardio-metabolic risk factors in European children: The IDEFICS study[J]. International Journal of Obesity, 2016, 40(7): 1119-1125.

② Golle K, Granacher U, Hoffmann M, et al. Effect of living area and sports club participation on physical fitness in children: a 4 year longitudinal study[J]. BMC Public Health, 2014, 14: 499.

③ 吴升扣，熊艳，王会会. 动作发展视角下幼儿韵律性身体活动开展与设计的调查研究[J]. 北京体育大学学报，2017, 40(04): 89-96.

④ 王光旭，张铈堃，苏杉，等. 不同体育活动方案干预对学龄前儿童基本动作技能的影响[J]. 上海体育学院学报，2023, 47(09): 85-94.

⑤ Venetsanou F, Kambas A. Physical activity promotion in Greek preschools: the gap between theory and practice[J]. Early Childhood Education Journal, 2017, 45(3): 437-444.

⑥ 谢琴. 高校学前教育实践教学有效性探索[J]. 中国高新区，2018, (14): 61.

体育活动的成果，分享幼儿在户外体育活动过程中的情感体验，展示幼儿的个性特点和团体的合作精神，并考察幼儿的运动能力是否得到了锻炼，一些好的习惯是否得以养成。[①] 这样的评价方法与策略方式充满了随机性、不全面，也缺少客观性，同时印证了相当一部分教师缺乏涉及干预的经验和实施干预的信心。而研究表明，相比于让幼儿在操场上自由活动，有组织、有计划的运动干预能够更有效地提高幼儿的运动技能。[②] 对于体育教育实践的干预需要大量的训练和指导，但短时间培训所产生的干预效果并不理想；相比之下，体育教师、教练及专家更能够提高学前儿童的自我效能，并提供最新的基本动作技能发展信息，"以儿童为中心"的干预研究效率极高促使学前儿童增强参与动机。[③] 此外，运动干预是周而复始的。一般来说经过一段时间的练习之后，身体会发生积极性的变化，体质有所增强。这时候应重新进行体质测试，这就像每年需要体检一样，并结合自我感觉，对运动处方进行相应的调整，周而复始螺旋式上升。

二、数字化赋能下的幼儿园运动活动的相关研究

目前，关于新技术支持下的幼儿园运动活动的研究相对较少，尚处于起步阶段。一项名为《教育数字化转型赋能幼儿园教育高质量发展》的研究指出，通过利用各类教育 App、智慧区域数据评估设备、企业微信小程序、物联网大数据评价系统等信息化平台，可以重构幼儿园教、学、管、评、研、资源等应用场景，实现数字化系统之间数据的互联互通。[④] 然而，这一研究并未深入探讨新技术在具体运动活动中的应用情况。目前仅有这一篇文献与幼儿园数字化赋能相关，且是从数字化平台与幼儿园教育融合的角度出发，并未聚焦于幼儿园运动活动。这表明目前针对数字化赋能幼儿园的相关研究较少，仍处于初始

---

① 季良平 . 幼儿户外体育活动评价探析 [J]. 科教导刊（下旬），2016(18): 148-149.

② 李博，洪金涛，孙建刚，等 . 国际儿童青少年基本运动技能研究的热点解析（1990—2019）[J]. 成都体育学院学报，2020, 46(03): 26-32.

③ 辛飞，蔡玉军，鲍冉，等 . 国外幼儿基本动作技能干预研究系统评述 [J]. 体育科学，2019, 39(02): 83-97.

④ 梁慧怡，余佳琪，丘悦，张韵 . 教育数字化转型赋能幼儿园教育高质量发展 [J]. 中小学数字化教学，2024(02): 15-19.

阶段，因此难以了解当前数字化赋能下幼儿园课程的现状。在进一步扩大文献搜索范围，以"数字化赋能下的教育"为关键词进行检索后，显示相关文献数量较多，符合当下教育数字化转型的热点。因此，我们可以将视野放宽，以"数字化赋能下的教育"为主题，来探索新技术在学校场景中的应用现状。

（一）数字化赋能下的教育改革

1. 数字科技使教师的评价更加精确

在数字科技深度介入教育的今天，学校体育教学训练也迎来了智能化的机遇。2022 年，教育部出台了《义务教育体育与健康课程标准（2022 年版）》，强调"教师可以充分利用信息技术跟踪学生的学习过程，采集数据并基于数据分析结果，及时反馈和评估学生的学习情况，如利用运动监测设备记录学生的课堂行为表现和运动负荷，准确分析和评价学生的运动能力等"[①]。

张飞飞指出智慧体育课堂通过智能设备反馈的实时数据，可以在体育教学中实时把控学生的运动负荷，也可以给体育教师提供教学训练的改进依据和相关决策支持。[②]江礼磊、黄谦等与他的观点类似，认为数智技术能够推动体育评价转型，促使评价内容丰富化、方法多样化、标准差异化和主体多元化。[③]教师可以在大数据的支持下，全面追踪学生的各种数据，掌握其体质健康现状和体质发展规律，并针对学生主体差异给予个性化评价标准等。

由此可见，随着时代的发展，教育数字化转型势在必行，教学以数据为底层基础，全面统筹学生、教学环境、教学资源与设备的体育教学方式，教师借助现代信息技术对学生开展实时和精准的评价，这成为提升教学效果的重要手段，也是新时期教师进行教学创新应用的基础条件和趋势。

2. 数字科技使学生的学习更具个性化

云计算、大数据和人工智能等技术正逐渐应用于体能教学中，这些技术

---

① 中华人民共和国教育部. 教育部关于印发义务教育课程方案和课程标准（2022 年版）的通知. [EB/OL]. (2022-04-08) [2023-11-05]. http://www.moe.gov.cn/srcsite/A26/s8001/202204/t20220420_619921.html.

② 张飞飞. 基于"智慧体育课堂"背景贯彻体育教学原则的意义、困境及实施路径 [J]. 体育科技文献通报，2024, 32 (01): 225-228.

③ 江礼磊，黄谦，侯宇洋，等. 数智技术赋能学校体育现代化的作用机理、应用场域与实践路径 [J]. 体育学研究，2023, 37(04): 67-78.

可以对大量的生理数据进行深入分析，为每位学生提供个性化的训练建议和反馈。例如，通过历史数据的分析，系统可以预测学生的体能趋势，提醒他们何时进行调整或休息，有助于形成学生个性档案。[①]

数字技术可以针对每位学生的身体条件、体质特点和兴趣爱好，制定出科学合理、个性化的运动处方，实现精准化指导。智慧体育课堂可以给每一位学生制定运动处方，结合教育对象的发展性、层次性和差异性，有效提高体育教学的个性化水平。[②]

将智能设备长期、持续、常态化地应用于体育教学，有助于教育评价从经验主义走向数据主义，从群体评价走向个体评价，从总结性评价转向过程性评价，有效地推动体育教学改善。[③] 现代科技为教师和学生提供了前所未有的便利和资源，极大地优化了体能教学的效率和效果。[④] 随着技术的快速发展，体能教学正逐渐从传统模式转向高科技、数据驱动的模式，从各方面有效地推动了体育教学改善。

（二）数字化赋能学校教育的工具

当今，数字科技在竞技体育领域得到广泛应用，帮助运动员取得优异成绩。例如，苏炳添采用"冠军模型"作为指导，在训练过程中通过高科技仪器和设备全方位监控自身体能、运动技术和体能恢复等。智慧体育在学校体育领域的教学、课外训练和阳光体育活动中也取得良好成绩，学校体育开始构建智慧体育课堂，依托科技提升教学质量。[⑤]

张雨竹认为智慧体育课堂是智慧校园建设中的重要组成部分，它通过物联网技术、互联网技术以及 5G 通信技术等新兴技术进行构建，是现代信息技术与体育有机结合的一种发展形式，为学校体育运动的开展提供了各种

① 王康虎 . 小学体育体能训练游戏化策略研究 [J]. 小学生（上旬刊），2023(04): 10-12.

② 王戬勋，于方方 . 数字时代背景下高校体育教育数字化的新场景、新空间与新动能 [J]. 哈尔滨体育学院学报，2024, 42(01): 57-64.

③ 孔令凯，王森 . 人工智能辅助姿态识别和运动处方的研究 [J]. 现代电子技术，2024, 47(04): 139-142.

④ 周文水 . 体教融合，多元发展——小学体能学、练、赛、评一体化教学策略研究 [J]. 体育世界，2024(01): 65-67.

⑤ 张飞飞 . 基于"智慧体育课堂"背景贯彻体育教学原则的意义、困境及实施路径 [J]. 体育科技文献通报，2024, 32 (01): 225-228.

可能。① 周文水进一步提出，智能穿戴设备已经成为体能教学中不可或缺的工具。智能手表、心率带、智能鞋等可以实时收集学生的生理数据，如心率、血氧饱和度、步频等。这些数据不仅可以帮助学生了解自己的身体状况和运动效果，还为教师提供了宝贵的反馈，帮助他们更科学、更个性化地制定训练计划。此外，虚拟现实（VR）和增强现实（AR）技术也为体能教学带来了革命性的改变，增加了训练的趣味性，帮助学生克服现实中的种种限制，并提供丰富、精确的数据分析，帮助学生和教师更好地评估训练效果，找出学生的潜在问题和不足。② 许存林与周文水的观点类似，也在探索智能设备在体育教学中的应用模式，并进行了实践。在学生运动过程中，智能设备（如手环）采集学生运动数据并通过数据网关的无线访问接入点传输至服务器，老师可以通过计算机网页、移动设备查看学生运动数据，课后也可以进一步分析，更好地监测学生体质健康数据。③

然而，对比高年龄段的数字化信息技术应用已成为常态，幼儿园阶段的研究却相对匮乏。幼儿园阶段的数字化赋能现状仍然有待深入探讨。信息技术支持下的幼儿园主要利用电子教具、教育软件、多媒体课件等为幼儿创设生动的游戏化教学环境。这些资源可以帮助幼儿更好地理解知识，激发他们的学习兴趣，增加学习的乐趣。然而，这类实践是多媒体设备的应用，并不涉及智能穿戴设备在幼儿园教育场景中的应用，因此本研究具有一定的创新、开拓价值，是教育数字化转型中新兴的研究方向，为新技术支持下的幼儿园运动活动的建设填补空白。

三、文献述评

在当前信息技术飞速发展的背景下，数字化赋能已经成为幼儿园教育改革的重要趋势之一。针对幼儿园运动活动，研究者们开始探讨如何借助新兴技术

① 张雨竹．学校体育训练中体育器材的科学应用探究 [J]．文体用品与科技，2024(03): 142-144.
② 周文水．体教融合，多元发展——小学体能学、练、赛、评一体化教学策略研究 [J]．体育世界，2024(01): 65-67.
③ 许存林．小学智慧体育：提升学生体质的新路径 [J]．文体用品与科技，2024(02): 178-180.

提升教学效果和个性化教育水平。其中，智慧体育课堂和虚拟现实技术等被广泛应用于幼儿园运动活动，以实现更科学、更具趣味性的教学目标。

在数字化赋能下，智能设备的应用为幼儿园运动活动带来了实时监测和数据采集的可能性。通过物联网、互联网和5G通信等技术，教师可以准确了解每位幼儿的运动状态，并据此制定个性化的运动方案。同时，智能穿戴设备也为幼儿园运动活动提供了生理数据的收集工具，有助于提高教学效果和幼儿身体素质的发展。此外，虚拟现实和增强现实技术的应用为幼儿园运动活动增添了新的教学形式和趣味性。通过创造虚拟场景，幼儿可以在虚拟环境中进行各种运动训练，提高他们的参与度和积极性。这些技术还提供了详细的数据分析，有助于评估幼儿的运动效果并及时发现潜在问题，从而指导教学实践。

目前关于数字化赋能下幼儿园运动活动的研究虽然取得了一定进展，但仍存在一些不足之处需要进一步探讨。首先，智能设备在幼儿园运动活动中的应用实践和效果验证方面还需要更多的研究和探索。虽然有许多智能设备可以用于辅助幼儿园运动活动的教学，但是这些新技术在实际运用中是否能够有效提升幼儿的运动能力、促进身体协调发展以及培养健康的生活习惯，还需要更多的实证研究来验证其效果和可行性。其次，如何将新技术与幼儿园运动活动的教学目标和教育原则相结合，也是当前研究亟须关注的重要方向。数字化赋能下的幼儿园运动活动教学，不能仅仅停留在引入新技术的水平上，更需要深入思考如何通过这些新技术更好地实现幼儿的综合素质教育目标。教育者需要在整合科技教育资源的同时，注重幼儿的身心发展和全面素质的培养，确保新技术的应用与传统教学理念相适应、相融合。另外，还需要重点关注幼儿园教师在数字化赋能下运动活动中的角色转变和专业发展。教师在利用智能设备进行教学时，需要具备相应的技术操作能力、课程设计能力和教学策略，对新技术的教育意义和应用场景有清晰的认识，这对教师的专业素养提出了更高的要求。因此，未来的研究还应该关注教师培训和支持体系的构建，为教师在数字化赋能下更好地开展幼儿园运动活动教学提供更多的支持和帮助。

总之，数字化赋能下的幼儿园运动活动研究还有许多问题值得深入探讨，需要教育界和学术界的共同努力，以为幼儿园运动活动的数字化教学提供更科学、更有效的理论指导和实践探索。通过对新兴技术在幼儿园运动活动中的应用效果进行深入研究，可以推动幼儿园教育的个性化、科学化和智能化发展，促进幼儿的全面发展和身体素质的提高。

阳光特色活动已有成果及迭代

一、特色活动的实施过程与已有成果

（一）实施过程

1. 初创探索阶段

翔殷幼稚园对于特色活动的探索是从游泳特色活动开始的。早在创办之初，翔殷幼稚园就着手开展幼儿游泳运动项目的实践，全面有效地锻炼了幼儿身体机能，幼儿的生活自理经验得以不断积累，游泳也成为翔殷幼稚园独特的、标志性的活动。同时，多年来的游泳实践活动也为园所积累了一定的运动底蕴，逐步形成了良好的运动教育活动运行机制。

2. 发展突破阶段

翔殷幼稚园特色活动项目、内容的扩展与课程体系的建立是运动文化初步形成的标志，而相关特色活动的课题研究也推进了运动教育理念与课程实施模式的更新。

在传承游泳特色的基础上，翔殷幼稚园拓展思路丰富了运动项目，关注运动内涵建设，注重幼儿全面发展，经过一定积淀逐步形成了体育特色，包括运动社团和体育活动生活化等，其中运动社团又包含趣味足球和游泳等多样的运动项目，而体育生活化则体现为幼儿在园所内的各项活动中以及家庭生活中非刻意的、融入性的、习惯性的运动和运动相关能力的运用，如身体控制能力、移动能力、器械操控能力、生活自理能力、安全和自我保护能力、情绪管理能力等，让孩子能自主地运动并使用多样的运动器械，同时将运动相关的能力、品质、精神内化为自己的活动与思想特质，真正成为具有运动意识、运动能力和运动精神的人，让运动对幼儿成长的助益最大化。

为了做强特色活动，2012 年翔殷幼稚园确立了"幼儿体育运动生活化实践研究"的课题，尝试将运动与日常生活相结合，让运动回归生活，建立以家庭为依托的运动活动体系，在幼儿的一日活动及家庭生活中开展形式多样的体育活动，科学探索幼儿体育活动生活化的方法、途径和策略，为园所和家庭开展体育活动提供可借鉴的经验，将翔殷幼稚园特色活动的理念传递给每一个家庭，让家长们树立起阳光运动的观念，积极参与园所的特色活动建设，这也是翔殷幼稚园运动项目中体育生活化部分的理念支撑与科学依据。

而翔殷幼稚园也依托特色活动体系及其背后的理念内涵形成了独特的运动文化，提倡将运动融入生活，将运动内化为一种精神风貌，让运动贯穿幼儿的成长历程，促进幼儿德、智、体、美、劳的全面发展。翔殷幼稚园的运动文化以园所特色活动为载体，同时也注重物质文化符号的设计，运动场地以象征生命与希望的绿色为基调，以水立方、运动健将、海宝等为主要装饰元素，加入"雏鹰"形象，寓意着健康、快乐、和谐的阳光幼儿从这里"展翅"，这些文化要素的外化展现了园所对运动环境创设的重视，寄托了幼儿通过运动焕发生命活力、茁壮成长的深刻寓意。

3. 示范引领阶段

依托多样化的运动活动，如"我运动、我快乐、我成长"运动会等，园所于内部形成了具有特色的运动教学体系，为幼儿提供了丰富的运动资源与保障，同时，园所还利用上海市、杨浦区的文体资源与环境资源、社区教育资源和家庭资源等形成运动教育特色，开拓课程内容、扩展运动场地，将运动融入幼儿的日常生活，走出了一条科学化的园所与社区、家庭相结合的运动教学之路。

同时，随着相关课题研究的进一步深入，翔殷幼稚园在移动性、固定性体育运动器材研究、家庭亲子体育运动研究、自然因素下体育运动的研究方面取得一定成果，有效推动了《运动》教参的园本化实施与创新，利用课程激发幼儿的体育运动兴趣和能力、规则意识以及自我保护能力，有效地推进了特色活动的建构。

在结合实践结果对课程实施方案进行持续性调整和完善后，翔殷幼稚园最终建成了一套行之有效且具有示范引领作用的课程体系，并以较为健全的课程管理和使用条例以及课程评价准则等与之相配。既有的探索实践共同推进了翔殷幼稚园多元化的课程资料包和网上课程资源库的形成，以丰富的课程资源为线索和参照，科学规范、健康合理地安排幼儿的一日活动，并联合家长、社区多方位创设良好、场景多元的课程环境，让课程、兴趣与生活密不可分。

而在宣传、推广和辐射方面，翔殷幼稚园梳理特色活动研究过程性成果，对教师在研究过程中撰写的各类案例进行整理，形成案例集推广；同时将特色活动通过合作交流等机会对外展示、辐射，形成一定的品牌效应，在区域内发挥了良好的示范、引领作用。

4.纵深发展阶段

信息技术的赋能使得翔殷幼稚园对特色活动的开发迎来了新局面，是对既有运动特色成果的进一步深度赋能与深入落实。翔殷幼稚园通过市级项目的承接以及与新技术相关的各类科研课题的研究将特色活动的实施与监控测评推向了新的高度，并已经撰写了一系列由信息技术赋能的活动方案和案例，为各类信息化技术支持下的运动活动开展提供了生动有效的资料。目前，翔殷幼稚园对于信息技术的运用主要有 AR 技术、智能运动手环等，针对幼儿的操节活动、运动活动与体育游戏等发挥了辅助和赋能的重要作用，这些融合信息技术的教学应用以及数据支持下的评价工具应用的实践经验令翔殷幼稚园在信息技术应用能力方面具有了一定的影响力和示范作用。

在新技术支持下，翔殷幼稚园的"运动"特色也愈发凸显。在"信息赋能"层面，园所建构了一套可穿戴的幼儿体育素养提升智能系统，基于动态数据分析开展评价、调控、指导、管理，以切实关注幼儿的个性需求和发展需要，保障幼儿运动过程中的安全，帮助教师实现精细化、个性化指导，实现育人方式的转变，促进幼儿体育素养的提升和全面而适性的发展。

此后，翔殷幼稚园将进一步通过课题、项目、工程的参与以及专家指导下的科学研发工作，提升自身的信息技术水平，拓宽信息技术的应用领域，令园所、幼儿、教师、家长等多方主体都能在信息化、数字化的浪潮下，以科学的思维方式、前瞻性的视野、先进有效的信息技术产品为自身的成长赋能，使运动成为信息技术保驾下的有益于身心全面发展的良好教育与生活构成。

（二）成效成果

1.课程实施

翔殷幼稚园形成了丰富的、动态的课程资源库，完善的课程评价体系、课程实施方案和健全的课程管理和使用条例。园所的相关案例、论文成果汇集成册，体现了阳光特色活动的多侧面、系统性、不断深入的实施特性，展现了整体的实施历程，突出了教师运动与信息素养的提升、家园社共育模式的创设以及幼儿运动的物质保障、理念灌输、活动支持与评价监控等方面。

2.教师队伍

翔殷幼稚园培养出了一支具备信息技术与教育教学融合创新能力的团队，其素养逐渐从"技术素养、应用素养"走向"数据素养、信息素养"。且青年教师以及有一定信息技术特长的教师开始在创新团队中冒尖，他们愈发主动、内驱力日渐增强。

3.带教模式

翔殷幼稚园探索出了"项目化＋立体交互式"的个性化学习共同体方式，打破"老带新"的划一模式，建立起"互为师长"的学习理念，助力教师更具个性化的自主发展。

4.信息赋能

翔殷幼稚园总结出了"数字化＋运动"的数据赋能幼儿科学运动的经验，解决了内涵发展中指向幼儿科学运动的突出问题，实现数据赋能下教师对于幼儿科学运动的观察、分析与解读，为教师科学实施幼儿运动提供了依据和支架。同时，构建起了信息技术应用场景之"运动场景"，通过信息化赋能幼儿科学运动，促进幼儿健康成长。

5.幼儿发展

翔殷幼稚园还潜移默化影响着一批孩子，新技术支持让这些幼儿有机会关注到自己的内隐信息，并与生活中可见可感知的现象，比如出汗的多少、面色的改变等一些生活经验联系起来。通过关注自己、了解别人，发现原来每个人都不一样，正确地认识自己，进而尝试自我评价和自我管理。

二、既有课程的不足

（一）课程资源需要与时俱进

园本特色活动的资源是根据各类运动实践项目案例、日常运动教学活动完成情况、课题与项目推进进行调整与丰富的，但是由于资源编写的滞后性与园所在特色活动研究与实践方面的快速发展与突破，园本特色活动的资源不能及时更新，还有待进一步的系统性、规律性的调整与完善，保证课程资源库与时俱进。

（二）园所分部硬件设施不足

翔殷幼稚园一园两部，总部的硬件设施按照《2005年工程建设标准规范制订、修订计划（第一批）》标准建设，配备有单元式的活动室和多个功能性的活动室，操场和室内空间较大，宽敞的空间有利于教师为幼儿创设丰富多样的环境，是课程有效落实的保障。但是分部在硬件设施上就略显不足，校舍是在 20 世纪 80 年代老校舍的基础上逐步改建完善的，虽然已经将阳台纳入活动室中，但活动室面积不能满足幼儿活动的需要，园方几次规划利用有效空间，为幼儿创设了两个专用活动室，但还是不能满足幼儿活动的需要。分部园所的室内空间显得很局促，不能满足室内运动的开展，也给作息制度安排带来很多难题。

（三）上层的决策规划不够规范与科学

由于园长室在课程领导力方面的决策和规划影响着教师课程意识的觉醒，所以相关成员需加强学习，促进教师专业不断发展，不断进行课程实践与创新。特别是在课程的管理中如何统筹好细致度和高效性，还需要进一步理清思路，这也为教师的课程实施提供进一步的保证。上层则需要对如何"规范"与"科学"地实施决策和规划进行统整。

（四）教师资源配置不能满足现实需求

教师的课程开发与实施力尚有提升空间，翔殷幼稚园现有的教师资源配置与现实需求之间存在较大缺口。且近年来有部分教育教学骨干被相继输送至姐妹园承担管理工作，致使教研组长等主要缺口均由新手填补；加之新进教师、青年教师数量较多，这些年轻教师缺乏幼儿教育教学的实践经验，对《指南》等教育理念理解不深入，课程意识比较粗浅，导致专业的敏感度和内化度依然不够。部分成熟教师的发展似乎进入瓶颈期，需要通过课程实施的不断优化，提升教师课程实施规范化和科学化的水平。

因此加强对骨干教师的培养力度，激励成熟教师突破专业发展的瓶颈，加快青年教师的成长进程，全面提升师资整体水平，是迫切需要解决的问题。

三、新技术在课程成果迭代改进方面的价值

（一）夯实了翔殷幼稚园运动活动基础

2004 年起翔殷幼稚园已然将基础性课程园本化，初步形成了阳光特色活

动。在取得很多成绩的同时，我们也意识到，评价这些课程和活动都是基于传统的经验或结果性单一数据。如何能更加客观、科学、即时对这些课程和活动进行评测，对我们课程活动体系的提升有着非常关键的作用，因为我们一直缺少这样的手段和技术。

园所运动活动指确立具有发展适宜性的活动目标并围绕目标开展运动游戏内容，这需要教师与幼儿共同建构和参与。智能运动手环技术应用到采集幼儿活动、生理数据上，是教师对幼儿的行为进行观察、科学分析、适宜支持的重要工具。教师帮助幼儿在运动中积累和发展关键经验的同时，也在判断幼儿体育活动运动量、运动强度和密度是否合理，通过对幼儿行为和行为结果的反馈来反思运动活动安排的合理性、组织实施的有效性，这也为建设和不断调整发展适宜性运动活动提供了重要依据，为客观、科学、即时地评测我们的运动活动提供了有力的技术手段。

（二）形成了经过新技术检测分析的运动活动资源

对园所运动活动资源的梳理不仅为提高教师工作的有效性和专业性提供了支持，也为园所管理者梳理园所课程系统、形成园所特色教育方向提供了便利。新技术的使用为我们进一步对已有的课程资源进行分析、判断、精炼、评估、筛选出适宜的运动活动资源提供了科学性工具。各年龄组教师基于对幼儿的观察和手环数据科学性检测分析，反复研讨原有运动活动方案，在对已有资源进行分类的基础上，将利用新技术检测与分析的精品运动活动资源进行了整理，形成了一套经过检验的、成熟的集体性运动活动方案。

（三）总结出一系列幼儿运动的科学实施方法

幼儿运动的科学实施方法包括运动设计法、运动操作法和运动测量法等。其中运动设计法是指根据幼儿发展的一定目标要求，在幼儿正式运动前预先以视觉形式呈现出对运动过程的计划和设想。运动操作法主要侧重幼儿参与某种体育运动实践时器具和材料的科学性使用。运动测量法主要聚焦于幼儿生理机能指标数据和运动数据的采集。

（四）总结出新技术支持下幼儿运动活动的实施策略

新技术支持下幼儿运动活动的实施策略主要分为注重发展幼儿综合素质

的策略、科学测量幼儿运动负荷的策略、科学实施幼儿运动活动的策略、及时调整环境材料规则的策略和科学指导幼儿运动行为的策略五种。

（五）制定了园所运动活动管理及相关工作管理制度

科学的管理是园所运动活动高质量发展的保证。在没有客观数据支持的情况下，以前翔殷幼稚园关于运动活动的管理制度空洞而无力，由于没有客观数据的支撑，对教师的评价也得不到教师们的充分认可。在引入智能运动手环后，在强大的信息技术和数据分析技术支撑下，我们编制了包括"设备管理使用""数据采集与管理""课程实施"及"课程管理"等一系列规章制度，为翔殷幼稚园运动活动科学、优质发展保驾护航，也为评价教师工作的有效性和专业性提供了科学、可视化的依据。

第四节　新技术支持下的园市运动活动架构

一、课程结构

翔殷幼稚园整体课程结构围绕"让每一个孩子享受乐动的幸福"课程理念及课程目标，分为快乐学习、多彩游戏、健康生活、乐动运动四大板块，其中多彩游戏和健康生活针对2—6岁幼儿，乐动运动和快乐学习针对3—6岁幼儿。课程结构实现四维一体，探索共同性课程与特色项目活动的柔活实施、托幼一体化的融合建构。在满足幼儿全面发展需求的同时，也使园所课程更合理、完整并得以个性化发展。

二、课程内容与安排

翔殷幼稚园分四大板块课程，以集体、小组、个别化活动（含活动室活动）、家园活动、社区活动（含社会实践活动）等多种形式开展。

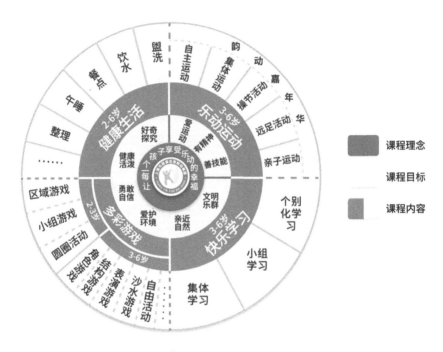

图 2-1 翔殷幼稚园课程结构图

快乐学习（3—6岁）——主要以集体、小组、个别化学习的方式呈现。主要指讨论、阅读、听赏、制作、表演、实地参观、收集信息等活动，旨在激发幼儿主动探索，积极体验，使幼儿在认知能力和态度上不断进步，为后续学习打下基础。

多彩游戏（2—3岁，3—6岁）——主要指幼儿自发、自主、自由的活动，2—3岁阶段包括区域游戏、小组游戏、圆圈活动等，3—6岁阶段包括角色游戏、结构游戏、表演游戏、沙水游戏和自由活动等。游戏活动对幼儿成长有重要的价值，能激发幼儿的想象力、创造力和交往合作能力，促进幼儿情感、个性健康地发展。

健康生活（2—6岁）——主要指整理、午睡、餐点、饮水、盥洗等活动，旨在让幼儿在真实的生活情景中自主、自觉地发展各种生活自理能力，形成健康的生活习惯和交往行为，在共同的生活中能够愉快、安全、健康地成长。

乐动运动（3—6岁）——主要指区域自主运动、集体运动、操节活动、远足活动和亲子运动等，旨在提高幼儿身体素质、动作协调能力和适应环境能力，为幼儿的健康体质奠定基础，帮助幼儿形成健康的生活方式和生活态度，以及自主运动的能力。

此外，结合翔殷幼稚园运动特色，在乐动运动中有机融入特色项目活动"韵动嘉年华"。"韵动嘉年华"以幼儿为中心，教师作为活动的支持者、引导者、合作者，每次举办会根据幼儿的兴趣、发展水平、年龄特点安排，给予幼儿独特的运动体验。在基础性课程运动的开足开齐之上，将通过"韵动"的特色主题方式，对幼儿运动经验进行拓展，对其运动潜能进行开发。这一项目活动与基础性课程的运动活动不交叉，相辅相成，使幼儿在体育活动中获得更全面、更深入的发展。通过这一课程活动，能够促进幼儿在集体参与的体验中实现身体素质发展，提高幼儿身体协调性和运动技能水平，还能培养其团队合作、公平竞争意识以及不怕困难、积极进取的意志品质。同时，通过项目活动中多样化的运动挑战，幼儿能发现自己的兴趣和优势，开发运动潜能。特色项目活动还有助于培养幼儿良好的运动习惯和运动品质，全面促进幼儿体育素养的培育和发展。

3

第 三 章

智能驱动绘蓝图

作为新技术的典型代表，智能运动手环为幼儿运动活动赋予了新的动能，为广大教师提供了"智能眼"。本章系统介绍了智能运动手环赋予能下科学实施幼儿运动的内涵、平台介绍、基本要素，并解读新技术支持下幼儿园运动活动的建设逻辑，明晰其价值取向、策略、方法、基本操作等。逐次递进，层层铺展，描绘了新技术支持下运动课程的实践蓝图。

第一节 智能运动手环赋能下科学实施 幼儿运动的内涵

一、智能运动手环的含义及研究现状

（一）智能运动手环的含义

智能运动手环是可穿戴设备的一种，其利用三轴加速度计感知人身体位移，引起加速度计计数，从而实现监测身体活动步数和能量消耗的功能，并可通过蓝牙无限传输数据至相应的应用软件，以供实时观察活动数据。

在幼儿佩戴智能运动手环的情况下，教师可以通过手机、平板或电脑等终端设备对幼儿活动数据（心率、步数、运动时长、活动轨迹等）进行实时监测。信息化赋能幼儿运动可监测、可视化、可量化，便于教师对幼儿运动情况、身体状况等进行识别与分析，支持教师更科学有效地实施幼儿运动。

（二）智能运动手环的研究现状

检索既有的智能运动手环方面的相关文献，现有研究成果综述如下：

关于智能运动手环的中文核心期刊共六篇。可以分为对智能运动手环本身的研究（包括功能、效果等）以及各类要素、主体对智能运动手环使用行为影响的相关性研究。

苏水军、杨管等比较了五款智能运动手环健康管理的实效性。[1]其通过统

---

[1] 苏水军，杨管，庄维友，等 .5 款智能运动手环健康管理的实效性比较 [J]. 体育学刊，2018, 25(03): 67-73.

计学意义对实验数据进行对比分析，探讨了智能运动手环在大数据分析中的可靠性。研究发现：智能运动手环记录步数的准确性排序为下楼梯＞上楼梯＞快走＞正常走＞慢走，智能运动手环记录步数与实际情况比较存在显著差异且误差较大；智能运动手环无法辨别穿戴者的运动状态，其工作原理存在一定不足，导致出现误差较大；智能运动手环记录心率数据与实际数据比较存在明显差异，与实际记录情况不符并且出现较大误差，其佩戴位置远离躯干以及心率算法研究不够成熟可能是导致心率监测误差较大的主要原因；睡眠监测与能量消耗监测算法过于简单，记录结果仅可作为参考；通过相关性分析表明，五款智能运动手环算法基本呈现出较好的一致性。因而苏、杨等人建议：在日常生活中不要过于盲目相信智能运动手环数据，而应充分利用好智能运动手环以了解自身的运动规律，进而合理安排运动。

蒿莹莹、张琳等梳理了智能运动手环评估步数、能量消耗、距离、身体活动强度效度的研究文献，发现其共同指向：智能运动手环受多种因素影响，在监测不同类型身体活动指标时会有不同范围的误差，同时无法精准监测距离和不同强度身体活动时间。因此高、张等人认为智能运动手环监测不同身体活动指标的整体精确性较差，在实际应用中应该谨慎解读其监测结果。[①]

谭颖、曹敏等调查了智能运动手环在社区二型糖尿病患者中的长期应用效果，发现使用智能运动手环有助于糖尿病患者长期维持自我管理行为，保持血糖控制达标。[②]

以上三篇文献都是对智能运动手环功能与效能的研究，其结论一方面指向智能运动手环于各项目的测量上普遍存在不准确的现象，另一方面又肯定了智能运动手环在帮助使用者进行自我健康管理方面的功效，指向了智能运动手环对特殊群体的重要意义。

此外，陈诗佳、王楚豫等做了一项应用性研究，设计了一套基于智能运动手环运动状态的音乐生成系统。[③]其对可穿戴智能设备与计算机作曲的融合进行研究，将智能运动手环的使用加入音乐生成环节，实现基于用户动作的自动

① 蒿莹莹，张琳，马晓凯，等. 运动智能手环监测身体活动量的效度研究进展 [J]. 上海体育学院学报，2019, 43(04): 73-83.

② 谭颖，曹敏，陈美铃，等. 智能运动手环在社区 2 型糖尿病患者中的长期应用效果研究 [J]. 中国全科医学，2023, 26(10): 1264-1270.

③ 陈诗佳，王楚豫，谢磊. 基于智能手环运动状态的音乐生成系统 [J]. 郑州大学学报（理学版），2021, 53(04): 95-101.

编曲配乐功能；构建运动状态与设备感知信号之间的关联模型，使用智能运动手环感知用户的运动状态，并基于用户的运动状态实现相应的自动作曲。基于智能运动手环运动状态的音乐生成系统实现了由运动节奏转化为音乐节奏，并且使用编曲技巧增强了生成音乐的悦耳性。这项研究无疑关注到了手环使用者的运动需求，增强了手环在音乐节奏方面的功能，令手环更好地助益运动活动，凸显其在测量功能之外的辅助性功能。

而其余的两篇文献都与影响智能运动手环使用行为的因素有关。

王林、胡梦迪等研究了运动社交平台对用户使用智能运动手环行为的影响。[①] 其关注到智能运动手环与运动社交平台作为促进人们积极运动、管理个人身体健康的硬件部分和软件部分，具有相互促进发展的关系，因而作出几项假设，以运动社交平台和智能运动手环的用户使用行为为出发点，通过问卷调查的方式收集数据，研究了运动社交平台对用户使用及购买智能运动手环的影响，除一项假设外全部假设均被验证，即是否使用运动社交平台对用户使用智能运动手环的行为及意愿均有显著影响，且已经拥有智能运动手环的用户，其使用运动社交平台的经验及程度均会对其智能运动手环的使用行为产生正向影响。此后，王、胡等人进一步对智能运动手环的营销和推广渠道进行探索，以期为智能运动手环服务提供商提供可行的建议。

尚猛、李辉等考察了小米运动手环在韩国的用户群体，完成了对海外用户关于智能健康穿戴设备的持续使用意愿的模型建构及实证研究，提出了相应的与我国相关企业针对海外用户的产品研发、系统改善及影响推广等方面有关的建议。[②]

关于智能运动手环的学位论文共有六篇，其中四篇都是对智能运动手环的有效性研究。

张志浩研究了基于智能运动手环的人体运动信息采集与分析技术，基于日常佩戴的智能运动手环，利用智能手机的内置三轴加速计数据，采用支持向量机和卷积神经网络两种算法对腕部运动姿态进行分析，经过对比得出卷积神经网络有着更好的识别效果。[③] 其认为基于智能运动手环的人体运动信息采集与

---

① 王林，胡梦迪，朱文静. 运动社交平台对用户使用智能手环行为的影响研究 [J]. 信息资源管理学报，2017, 7(03): 5-14+44.

② 尚猛，李辉，万只鹏，等. 海外用户对智能健康穿戴设备持续使用意愿的模型构建及实证研究——以小米运动手环在韩用户群为例 [J]. 数学的实践与认识，2019, 49(07): 9-19.

③ 张志浩. 基于智能手环的人体运动信息采集与分类技术研究 [D]. 南京师范大学，2018.

分类技术还处于发展阶段，该课题研究内容有着实际的应用需求和理论研究价值，有着深入研究的意义和价值。

王志超发现大众人群在监测跑台跑时多采用智能运动手环，而不同型号的智能运动手环在监测能量消耗时存在不同程度的差异，因而以气体代谢分析仪测量的能量消耗作为效标，利用苹果和 Polar 两款智能运动手环同步采集安静状态、跑台跑运动中及运动后恢复期的能量消耗及相关指标，分析两款智能运动手环测量能量消耗的有效性，并探究相关原因。[①]

蒿莹莹利用能量代谢舱检验智能运动手环监测青少年不同类型身体活动能量消耗的效度，测评 Actigraph GT3X+ 与智能运动手环监测青少年不同类型身体活动步数的差异。[②] 其发现智能运动手环监测总的能量消耗和静坐活动能量消耗与监测非规律性活动和规律性活动能量消耗相比具有相对较低的误差率；所有的手环监测 5.6 km/h 快走活动步数与 GT3X+ 相比都具有显著性差异；所有的智能运动手环全部高估的身体活动步数；智能运动手环的价格和效度似乎是没有任何关联的，智能运动手环的价格可能与其他的方面有关系（例如：游戏化、舒适度、美感等）。因此，可根据自己所需选择智能运动手环。

王簌探讨了两款智能运动手环在不同运动项目中监测心率的信效度，分别得出其在动感单车运动、跑步运动、抗阻力训练、篮球运动、羽毛球运动以及游泳运动六种运动中的信度、效度数据，为监测患病人群的身体健康、生理机能、恢复情况，为运动康复、体育保健、医疗卫生、大众健身提供一定的理论依据及参考意义。[③]

此外，钟宁基于交互技术对智能运动穿戴设备进行了产品设计研究及实践。[④] 其根据交互技术在穿戴产品领域已有的应用案例进行研究，明确设计要素与设计原则，为设计实践积累理论支撑；对人体运动动态尺度进行分析，探究穿戴产品在运动时的交互效果，为设计实践提供人体数据支撑；分析基于产品开发板的传感器模块，了解各类传感器在智能穿戴产品中的常用方式，把更多的功能融入穿戴产品设计之中，拓展穿戴产品的使用与交互方式；调查同类产品市场，对产品销量、市场走向、用户意见以及心理感受等进行调查分析，为设计

---

① 王志超 . 两款运动智能手环测量跑台跑能量消耗的有效性研究 [D]. 北京体育大学，2021.

② 蒿莹莹 . 运动智能手环监测青少年不同类型身体活动的效度研究 [D]. 上海体育学院，2018.

③ 王簌 . 两款智能手环监测不同运动项目心率的信效度研究 [D]. 首都体育学院，2023.

④ 钟宁 . 基于交互技术的智能运动穿戴产品设计研究及实践 [D]. 山东工艺美术学院，2021.

实践提供指导；最终将研究成果以产品设计的形式进行展示。其研究促进了交互技术在产品设计学科领域的应用；拓展了智能穿戴产品的概念，为可穿戴设备的智能化提供了新的设计方向；丰富了人体工程学在运动穿戴产品设计中的指导案例，对促进运动健身、改善国民体质具有积极意义。

牛秀敏从物质性视角切入，对智能手表和手环的使用进行了媒介实践研究。[①] 其以智能手表和手环在都市青年群体中的使用经验为切口，探讨媒介如何改变人的身体实践及这一改变背后的社会和心理动因，研究媒介以何种方式再造时间感知、空间场景和关系。研究主要采用深度访谈法，辅以参与式观察法，得出四点发现：其一，智能手表和手环通过媒介具身实现了身体经验数据化，并以限制与示能的方式形塑人的身体实践；其二，智能手表和手环的使用驱动力是风险和消费社会中人们对健康和美的追求，背后是自我期待、社会性焦虑，以及对媒介生活变迁的试探；其三，媒介使用习惯呈碎片化等时间感知问题在智能手表和手环使用中并不明显，这得益于媒介的具身性、数据可系统性储存和叙事单一特征，以及数据复盘习惯的存在，媒介以多种方式形塑所在的空间场景；其四，智能手表和手环通过媒介具身和不可见的方式形塑着身体实践、时间感知、空间场景和关系。

综上，学界对智能运动手环的研究覆盖了多个方面，尤其聚焦于对智能运动手环效度的研究以及对其使用者的需求与心理的挖掘，同时也有对智能运动手环的开发性与应用性研究，以及经济学视角下的消费研究等。随着技术的发展以及人们对于健康的关注，智能运动手环的应用面会更广，包括受众的大量增加以及多种健康监管、运动辅助功能的增加；同时，对于智能运动手环的要求也会越来越高，其需要改善在健康指标测量方面的不足，并针对性满足不同群体的需求，呈现专业化、科学化、多样化的发展，并提升自己作为一个通用性商品的性价比。而本园对智能运动手环的关注则聚焦于其根本性功能——运动活动的监测功能。

二、智能运动手环赋能下科学实施幼儿运动的含义

此处的幼儿运动主要是指在园所开展的以发展幼儿的基本运动能力、身体

---

① 牛秀敏. 物质性视角下智能手表和手环使用的媒介实践研究 [D]. 北京外国语大学，2023.

素质、运动认知、运动创意、运动社会、运动习惯为目标的体育活动，主要包括区域自主运动、集体运动和操节活动。其主要特征包括愉快的情景、中高强度的体能活动、提升的新陈代谢。

柳倩、周念丽等主编的《学前儿童健康学习与发展核心经验》一书认为，合理安排负荷是评价运动效果的一项重要指标。[①] 其中，影响运动活动中负荷的首要因素就是"强度"，指单位时间的生理负荷量，常用心率表示。

3—6 岁儿童中高强度运动活动的生理负荷参考数据是"平均心率 120～160 次 / 分钟"。心率测定法是测定活动量的一种简便易行又具有一定科学性的方法，主要是测定体育活动中人体心率的变化状况，也称脉搏测查法。

所谓科学实施幼儿运动就是指应用智能运动手环监控幼儿的运动负荷，将运动量"量化"与"可视化"，教师基于这些幼儿的运动数据，通过科学的实施方法，如及时调整环境和材料、游戏的玩法和规则，适时对幼儿运动行为进行指导和引导等，实现幼儿的科学运动。这样一来，既可避免因过度运动对幼儿的身体产生过强刺激，超越幼儿身体所能承受的限度，损伤幼儿的身体健康；又可规避因运动量过小，对幼儿身体的刺激较弱，失去增强幼儿体质的作用，达不到锻炼效果的问题。

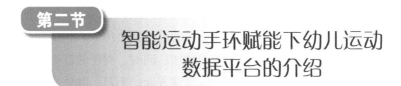

第二节　智能运动手环赋能下幼儿运动数据平台的介绍

一、界面展示

"翔殷幼稚园运动健康平台"的开发和使用对智能运动手环的运用与幼儿的运动实践起到了非常关键的作用。

---

① 周念丽、柳倩 . 学前儿童健康学习与发展核心经验 [M]. 南京：南京师范大学出版社，2016 年 .

在多方考察与比较之下，翔殷幼稚园最终确定与第三方技术公司合作，该平台的优势是为教师制作了随时可查可见的"翔殷幼稚园运动健康平台"的网页版链接，平台画面如图 3-1 所示。

集体运动运动量及运动密度分析表

活动内容	活动时间		执教教师		⊕ 添加活动	↻ 重置		
	热身	环节1	环节2	环节3	环节4	放松	总体
活动时间								-
平均心率	-	-	-	-	-	-	-
最大心率	-	-	-	-	-	-	-
最小心率	-	-	-	-	-	-	-
实际运动时间	-	-	-	-	-	-	-
运动密度	-	-	-	-	-	-	-

安静心率　　　结束心率　　　活动后5分钟

计算　　查看课程密度分析图　　分析评价

图 3-1　翔殷幼稚园运动健康平台"运动课程分析"平台画面截图

二、功能介绍

平台上设有专门的"运动课程分析"板块，教师只需手动输入活动各个环节中幼儿的活动时间，即可自动生成数据分析图，十分清楚、快捷地展示教师运动活动的实施情况，也满足了教师依靠新技术手段自主检测、分析运动活动的需要。同时，教师在实践的过程中也不断对该平台的功能使用情况进行反馈，经过课题团队和研发工程师半年多的努力，平台的功能也在不断提升和优化，目前已经初步形成了相对成熟的"翔殷幼稚园运动健康平台"。

三、数据驱动教育决策的流程解读

通过智能运动手环能采集到幼儿在运动中的生理数据，包括心率、消耗的卡路里、活动轨迹等。

从幼儿的活动轨迹和活动时长，我们能清楚地了解到孩子在室内还是在户外，这能帮助管理者有效监控幼儿的户外活动时长，保障幼儿每天两小时的户外活动和其中一小时的中高强度运动时间。

运动时长、幼儿的心率高低（运动强度）、运动密度以及运动后恢复安静心率的时长能帮助我们分析运动量是否适宜。原先没有技术支持，我们只能凭经验来判断把握，现在智能运动手环在一定程度上解决了运动量的量化问题，有助于教师监控幼儿的运动负荷，根据数据更合理地设计运动方案，促使动作设置、活动结构设计和活动场景创设等更为科学。

同时，考虑到教师信息素养与智能运动手环以及运动数据平台的配合与适应程度，我们正与技术公司合作，对应用软件进行再开发，在无感采集的基础上，优化可视化的数据分析，用更形象的方式呈现儿童的数据。当前的研究就是要让更多普通教师通过分析软件直观地了解幼儿的运动状况，并加以判断。而数据除了反映幼儿的运动量是否适宜以外，还提供了很多潜在的可挖掘的信息，这就需要我们去发现，去研究，去进行多维度的数据应用，例如利用数据来促进教师教育行为的变革、引导幼儿行为的变化和推动家园共育方式的转变等，这促使我们不断进行深层次的思考。

智能运动手环赋能下科学实施幼儿运动的要素

一、高效的智能运动手环

高效的智能运动手环是科学实施幼儿运动的基础，也是前提。一款高效的智能运动手环，其外观应轻薄小巧，腕带需使用抗过敏的软胶材质，确保幼儿佩戴时的安全、舒适，确保贴肤时光电式心率传感器能正常工作。在功能上，其应该实现监测身体活动步数和能量消耗等功能。在数据的采集和传输上，其应该支持蓝牙无线传输数据，且数据的传输与呈现以秒级的、实时的数据为优。另外，电池的续航情况也是高效与否的重要考量，目前配备的智能运动手环采用蓝牙4.0技术，能有效降低电源消耗，连续使用时长可达三天，能避免因电力不足无法采集和传输数据的情况发生。

二、科学的智能运动手环测量

科学的智能运动手环测量是评估幼儿运动效果、科学实施幼儿运动的关键。智能运动手环利用三轴加速度计感知人身体位移的变化，引起加速度计计数，监测身体活动步数和能量消耗情况，实现对人体摄氧量以及体力活动强度的低、中、高强度等级的判断，并通过蓝牙无线传输数据至相应的应用软件，以供教师通过手机、平板或电脑终端观察和分析幼儿运动数据，这便是运动中的"测量"。

同时，考虑到运动、膳食营养、睡眠是落实幼儿发展的三个重要因素，翔殷幼稚园不单对园所"运动板块"进行监控测量，采集包括运动心率、步数、运动时长、活动轨迹在内的运动数据，还全面捕捉一日活动中幼儿的多种活动信息，实现对幼儿科学、全面的监测。

三、积极的幼儿体育运动

通常衡量幼儿运动负荷的方法是测量幼儿运动时心率的变化情况，教师会根据心率变化科学调控运动实施，但是心率变化有时会受到各种因素的影响。在研究中我们发现，当幼儿处于非运动状态时，紧张、焦虑、害怕、向往、开心等情绪也会影响其心率。因此，我们认为，积极的幼儿体育运动是智能运动手环赋能下科学实施幼儿运动的根本目的，也是必要因素之一。

这让我们意识到，一方面要让幼儿积极地运动起来，以适量的、充足的运动促进幼儿的身心健康发展。另一方面，要重点关注运动前的准备和运动后的放松活动，准备活动要注意幼儿生理与心理两方面的调动，激发幼儿参与运动的积极性，而放松活动要注意缓解幼儿身心高度的紧张和兴奋状态，以达到放松肌肉、消除疲劳的目的。

四、实时的教师终端监测

一个实时的教师终端监测能为科学实施幼儿运动提供数据库支持和移动终端平台接口。在翔殷幼稚园，利用智能运动手环采集到的幼儿数据信息都会存储到"翔殷幼稚园运动健康平台"数据库中（图3-2），教师们可以登录平

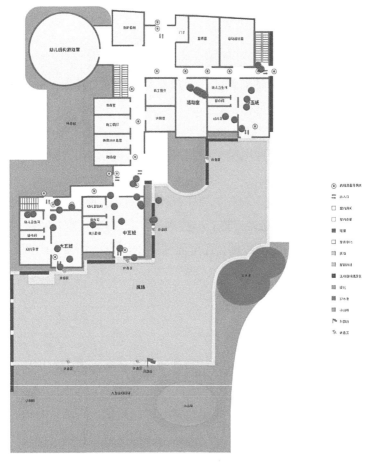

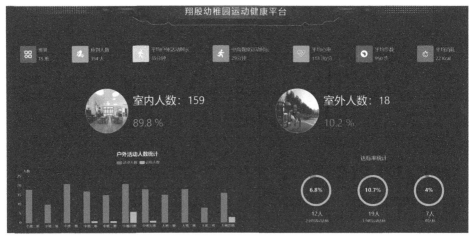

图 3-2 "翔殷幼稚园运动健康平台"界面截图

台查看实时的、当日的或是过往某一天的数据信息。移动终端平台接口也可以满足教师在幼儿运动现场通过手机、平板或电脑查看幼儿实时运动数据的需求，时效性更强。

"翔殷幼稚园运动健康平台"除了监测功能，还能支持教师自主选择运动时段、幼儿个体、运动数据等信息作排名或关联分析，对幼儿运动作科学判断。每天中午，翔殷幼稚园教师都会登录平台查看上午半天尤其是上午区域自主运动中的数据汇总情况，以更科学地实施下午的园所集体运动，实现上午区域自主运动和下午集体运动的互促互进。

五、因材的环境规则调整

在采集、监测、观察和分析数据的基础上，教师需根据发现的情况及时采取适宜有效的调整和支持方法，才能保证幼儿运动的科学实施。与传统的教师调整环境和材料、运动路线、玩法和规则等支持方法相比，智能运动手环赋能下的调整更凸显和强调个性和针对性，因为这些数据本身所反映出的就是更具象、更个体的情况。

在调整过程中，教师注重挖掘智能运动手环所采集、监测到的数据，分析数据与环境材料、玩法规则等之间的关联，进而实现"因材调整"，避免出现活动调整与数据结果"两张皮"的局面，科学实施幼儿运动。

六、指导的运动行为改变

教师无论是针对环境和材料、玩法和规则等方面做出一些间接且隐性的调整，还是通过语言、动作直接介入指导，幼儿运动行为的改变都是指导的最终目的，也是对教师的实施与操作是否科学有效的最直接的检验。

例如，平台出现"实时告警"后，教师是否能及时指导幼儿调控运动负荷，避免过度运动的发生；运动中，教师的动作示范指导能否优化幼儿基本动作和运动方式，达成有效锻炼的目的，改善运动负荷不足的情况；又或是教师语言的指导是否能有效调动幼儿参与运动的兴趣、激励幼儿坚持。这些都是在智能运动手环赋能下科学实施幼儿运动、达成科学锻炼目的的重要一环。

新技术支持下幼儿园运动活动的建设逻辑

一、价值取向

世界卫生组织认为，健康不仅是没有疾病和不虚弱，更是在身体、心理和社会适应等方面都具有良好的状态。基于智能运动手环数据，科学实施幼儿运动，达到有效锻炼的目的，促进幼儿身体、心理和社会性的全面发展，是智能运动手环赋能下科学实施幼儿运动中我们的基本立场、态度与价值取向，具体表现在以下五个方面。

（一）激发幼儿体育运动的兴趣

体育锻炼对身心发展的促进作用并非见于一朝一夕，不是短期内能达成的，也并非以教师的客观影响替代幼儿的主观能动。因此，激发幼儿的运动兴趣，让"兴趣"成为最优的动力、最好的老师，进而让幼儿养成主动的、良好的、持续的运动习惯是智能运动手环赋能下科学实施幼儿运动的基本价值取向之一。

运用智能运动手环的目的，并不是单纯地去评价幼儿运动是否达到运动负荷，或是为了刻意达成锻炼的中、高强度等级而组织实施相关运动，而是在智能运动手环赋能下，通过可量化、可视化的数据呈现，让教师和幼儿直观感受到运动对身心发展的独特作用与价值，进而令幼儿的运动兴趣被激发，使得教师对幼儿运动的指导更科学。让幼儿"爱运动、会运动"，才是最根本目的。

（二）强化幼儿身体的运动素质

适宜的运动对幼儿的运动系统、心肺系统、神经系统等都具有良好的刺激和促进作用。我们希望通过智能运动手环的应用，高效便捷地获取幼儿运动时的外部数据（运动时长、步数等）和内部数据（心率、卡路里等），了解运动中幼儿的运动负荷情况，合理调控运动强度、运动时间，科学实施幼儿运动，充分挖掘数据对于强化幼儿运动素质的价值，进而提高幼儿神经系统对肌肉组织的控制与调节能力，增强心肺系统的调节功能，提高其对视觉、肌肉运动的综合调节能力，向着"促进幼儿身体形态、身体技能、身体素质的全面发展"这一目标而努力。

（三）锤炼幼儿的心理意志品质

众所周知，强度低、负荷小、时间短的运动是难以达成强身健体的目标的。按照世界卫生组织推荐的运动量，儿童每天应至少累计达到 1 小时的中、高强度身体活动，这就意味着 1 小时内幼儿每分钟的平均心率需达到 120～160 次，但是这并非轻轻松松就能完成。

当智能运动手环监测到幼儿运动强度低、运动量不足时，在教师科学调控的过程中，幼儿必然要面临一些挑战，也会遇到一些挫折与困难。此时，教师要积极把握这一锤炼幼儿心理意志品质的好机会，鼓励幼儿勇敢面对，帮助其树立积极乐观的态度、克服困难的信心、坚持不懈运动的勇气，促进幼儿心理健康发展。

（四）培养幼儿的集体合作意识

无论在上午的区域自主运动，还是在下午的集体运动中，幼儿在参与运动的过程中都会有与同伴交往的机会，幼儿需要遵守运动要求与规则，克服以自我为中心，学会合作。虽然从表面上来看，智能运动手环的监测数据与培养幼儿的集体合作意识之间并没有直接关联，但是教师在基于智能运动手环的科学实施中，尤其是在改善幼儿运动行为的指导中，有具体针对玩法、规则、组织方式等与集体合作密切相关的指导策略，会作用于幼儿集体合作意识的养成。

因此，教师对于智能运动手环赋能下科学实施幼儿运动中"培养幼儿集体合作意识"的关注就显得尤为重要。教师应充分认识到发挥集体合作意识对幼儿积极运动、科学运动的推动作用，帮助幼儿培养一定的团队意识以及责任感，为幼儿社会性的良好发展创造条件、打好基础。

（五）促进幼儿的大脑心智发育

运动医学与脑科学的研究表明，运动有助于增强幼儿脑组织的功能和感觉统合，这些都为幼儿认知能力的发展提供了良好的生理基础。所以，在开展智能运动手环赋能下科学实施幼儿运动的研究中，我们并不局限于关注与幼儿运动锻炼相关的身体活动情况，对于其大脑心智发育同样重视。

本研究中，我们充分认识到"运动中还伴随着大量认知活动"这一特点，因此，教师在科学实施幼儿运动时会因势利导，有意识地利用这些认知活动发生的契机，为幼儿提供和创造真实、丰富、有效的认知体验。

例如，我们强调教师的动作示范要规范，对于基本动作的语言指导要准确。如此，一是可以改善幼儿的运动行为，通过规范动作有效提升其运动负荷；二是有助于幼儿更好地观察并记忆教师的动作示范及相应要求；三是能够促进幼儿的运动认知积累，这一系列的认知活动都能促进幼儿大脑心智发育，可谓一举多得。

二、策略

（一）注重发展幼儿综合素质的策略

智能运动手环赋能下科学实施幼儿运动，是基于"社会建构主义"而非"行为主义"理论的一种实践行动。因此，除了锻炼幼儿身体外，促进其正常发育，增强其体质，发展幼儿的基本动作，锻炼其意志和学习品质等都是我们的培养目标。

一方面，教师要注重培养幼儿的综合素质，要建立这样的意识、认识并进而付诸行动。另一方面，我们希望通过让数据说话的形式，使得孩子与他们生活中可见、可感知的现象以及一些生活经验联系起来，通过关注自己，正确地认识自己，进而尝试进行自我评价和自我管理。

（二）学习智能运动手环运用的策略

应用学习阶段：学习智能运动手环的基本操作说明《智能运动手环操作手册》，了解日常登录的运动健康平台界面的操作和注意事项提示；阅读园所智能运动手环的十项管理制度，明确工作职责，包括采购制度、配置和使用制度、充电制度、消毒管理制度、异常情况处置制度等。

实践研修阶段：在对量化后的幼儿运动数据作可视化展示和分析后，在实施幼儿运动的过程中学习和理解"三数法"（数读幼儿法、数析方案法、数评实施法）操作要素，做到心中有"数"，行之有方。

（三）科学测量幼儿运动负荷的策略

园所层面：做好顶层规划与设计，包括探索和完善管理与运行机制、制定和修订各类制度等，确保幼儿运动负荷的科学测量。如，翔殷幼稚园探索和建立了"三联行动式"科学测量幼儿运动负荷的运行范式，建立了十项与智能手环相关的制度，完善了课程实施方案等。

教师层面：做好日常维护和测量的具体工作，如充电、佩戴（是否有效佩戴）、无效数据手动筛选等诸多工作，确保数据可采且有效。

（四）正确评价幼儿运动的策略

坚持科学实施幼儿运动的"七原则"（目的性、教育性、适量性、结构性、渐进性、层次性、兴趣性），正确评价幼儿运动是否恰当。如，树立正确的幼儿运动的价值观，贯彻目的性原则和教育性原则，在《幼儿运动行为观察表》中涵盖对幼儿基本动作、运动负荷外显指标、心率、活动轨迹、运动品质的综合观察与评价。

再如，在评价幼儿运动量时，将适量性原则、结构性原则和渐进性原则有机结合，从动静交替、强弱结合的活动节奏感，到活动结构，再到由易到难、由简到繁、由弱到强、运动量小—大—小的渐进性原则，综合运用于评价幼儿运动是否恰当、运动量是否适宜、是否需要调整。

（五）及时调整环境材料规则的策略

场地、器械、时间和规则是幼儿运动中需要重视的"四个要素"，经过实践，我们提出了以"四要素"调控运动量的策略，这四要素的变化，直接作用于幼儿运动负荷的调控。

场地：多变灵活；合理规划。翔殷幼稚园观察分析了"口"字、"回"字、"工"字等不同场地特性和幼儿运动量之间的关系，以便合理规划、调控。

器械：能激发兴趣、促进身心全面发展。在"体育生活化"理念的指引下，翔殷幼稚园坚持投放简单的、生活中常见的、支持一物多玩的材料，并对不同年龄段适合发展的不同动作以及相应动作的运动量做了梳理。

时间：活动前要充分预估；活动中要有力控制（尤其是在集体运动中，活动强度和密度）。

规则：不应太烦琐；服务于目的，以免规则影响幼儿的积极运动。

（六）科学指导幼儿运动行为的策略

翔殷幼稚园对于教师要科学指导幼儿运动行为所需的关键能力做了总结，具体见表 3-1，并对每项能力作出指标描述，包括准备、实施、总结阶段中需要把握的不同关键能力（三个阶段十四项关键能力）。相较传统的组织实施能力，拓展了教师智能运动手环的使用能力、基于智能运动手环的介入与指导能力。

表 3-1　科学实施幼儿运动教师行为三大阶段的十四项关键能力描述

三阶段	阶段关键能力	具 体 描 述
准备阶段（5）	解读方案的能力	明确游戏活动的目标、发展的运动综合能力等；掌握方案中健康领域（运动）知识；理解活动结构和运动负荷之间的关系等。
	制定运动游戏方案的能力	合理利用运动领域活动资源；制定活动目标，明确运动综合能力表现；把握活动重难点；合理设置运动游戏的运动量；选择适宜的活动组织形式等。
	选择适合的教学方法与手段的能力	了解幼儿身心特点及现有水平；掌握常用的师幼互动方法；尊重个体差异，注重个别指导；采用多样化的教学手段等。
	创设运动游戏环境的能力	创设和及时调整活动场地与器材；检查场地、器材的安全性；游戏时能营造和谐宽松的活动氛围等。
	创新运动游戏的能力	创编运动游戏的新玩法和新规则；开发利用器材，实现一物多玩、一物精玩等。
实施阶段（7）	语言表达能力	动作讲解与分析；游戏玩法与规则的讲解；语言提示；师幼互动的交流等。
	动作示范能力	能正确示范动作；选择恰当的位置进行示范等。
	观察与指导能力	观察幼儿表情及出汗量，解读幼儿运动数据；观察幼儿运动能力发展特征；观察幼儿运动能力发展的差异情况；观察幼儿的特别行为；直接指导与间接指导相结合等。

（续表）

三阶段	阶段关键能力	具体描述
实施阶段（7）	保护与帮助能力	掌握保护与帮助的方法；关注幼儿自我保护的意识、能力和方法等。
	组织管理能力	良好的游戏秩序的建立与维持；分享交流时队列队形的调动；根据游戏活动方案开展组织；教师角色转换等。
	激励能力	激励手段的选择运用；激发幼儿的活动兴趣；鼓励幼儿创新玩法；活动中能及时表扬和鼓励等。
	活动应变能力	适时调整游戏活动内容；解读幼儿运动数据，及时调控幼儿运动量；巧妙处理突发事件等。
评价阶段（2）	自我评价能力	结合幼儿运动数据，评价活动过程；评价活动目标完成情况；评价自我情绪状态调控、自我亲和力等。
	活动效果评价能力	结合幼儿运动数据，评价幼儿运动能力发展的情况；评价幼儿基本动作发展情况；评价幼儿情绪变化；评价幼儿体能变化等。

三、方法

（一）运动设计法

运动设计法是指在幼儿正式运动之前，根据幼儿运动发展的一定目标要求，结合不同形式运动的特点，预先制定包括时间、场地、材料、运动活动内容等要素在内的计划、方法、程序等，并把计划、设想通过视觉的形式（文字、图形、图表等）表达出来。该方法是智能运动手环赋能下科学实施幼儿运动前期准备阶段中最重要、也是不可或缺的一种方法。

关于智能运动手环赋能下科学实施幼儿运动，翔殷幼稚园的文本计划如图3-3所示，包括设计意图、活动目标、活动过程、活动延伸和实施提示等十个板块，且图文并茂，设计详尽。其中，特别标注了运动量、活动密度、运动负荷模式以供教师参考。

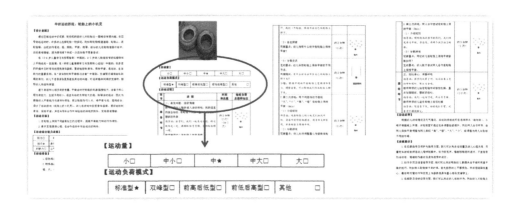

图 3-3 幼儿园运动活动文本计划样例

（二）运动操作法

运动操作法是幼儿参加某种体育活动实践，在运动中运用一定的器械与材料，具体按照一定的程序和技术要求进行运动实践，以期获得身心发展的一种方法。本研究在聚焦科学实施的过程中之所以提出以幼儿为主体的"运动操作法"，目的在于强调教师在智能运动手环赋能下科学实施幼儿运动时，须密切关注幼儿是否能够积极地运动起来，因为只有保证适量的、充足的、积极的运动锻炼，才能获得良好的运动效果，达到有益身心健康发展的作用。

（三）运动测量法

运动测量法是指在幼儿的运动过程中，通过幼儿所佩戴的智能运动手环，利用蓝牙网关采集幼儿的生理机能指标（心率）和身体活动变化相关的指标数据（步数、活动轨迹、运动时长），并上传本地服务器，实现幼儿运动测量数据本地收集和保存。

智能运动手环自带幼儿运动测量的计算公式，它是利用三轴加速度计感知人身体位移，引起加速度计计数，从而实现监测身体活动步数和能量消耗的功能。同时其可以通过蓝牙无限传输数据至相应的应用软件，以供实时观察活动数据。所以，教师不需要再用听诊器测量幼儿脉搏等方式来获取幼儿的运动数据。

（四）运动评价法

运动评价法是指借助对幼儿运动负荷观测的经验、知识、观察及对变化规律的了解，科学分析、判断幼儿运动的适宜性，评价幼儿运动能力、运动机能、运动体能。

在评价幼儿运动能力和机能、体能的部分，本研究主要参考了国内较为权威的系统评价幼儿运动的指标《国民体质测试》中幼儿部分的运动评价方法。其主要是通过机能指标（心率）、形态指标（身高、体重、坐高、胸围、上臂、肩胛、腹部皮褶厚度）和体能指标（坐位体前屈、10 m折返跑、立定跳远、小球掷远、走平衡木、双脚连续跳）进行综合测试和评价。

（五）运动调整法

运动调整法是指通过对场地、器械、时间、规则和组织实施等方面的重新调配整顿，实现不同形式下幼儿运动能力的发展，并达到充分锻炼的目标。

例如，在集体运动中某一环节的单位时间内就可以通过增加或减少运动时的速度和强度来调节运动负荷。再或者是扩大场地、缩短或延长运动时间、增加运动练习次数等，这些都是运用运动调整法调控运动负荷，达成运动锻炼目的的做法。

（六）运动介入法

"介入"从字面意思来看，就是插入事件之中进行干预。运动介入法是指通过直接（语言提示等）或间接方式（材料或规则调整、同伴身份影响等）插入幼儿运动事件中调动幼儿运动兴趣、强化幼儿运动行为、调控运动负荷等以提升运动发展。

"介入"包括安全、预警时的及时介入，遇到困难时的及时介入，此外，教师也可以积极参与幼儿的运动游戏，以同伴的身份与幼儿尤其是小班幼儿一起玩耍，给予其潜移默化的示范和指导。以上都是有效的运动介入，也是科学实施幼儿运动的方法。

（七）运动反馈法

"运动反馈法"是指将反馈运用到幼儿区域自主运动、集体运动和操节中，把每个活动中幼儿的运动情况及时转化为反馈信息提供给教师，教师科学调整策略后进行新一轮的实施，从而促进幼儿运动的发展，提高幼儿运动实施的科学性和有效性。

智能运动手环赋能下科学实施幼儿运动的反馈来自两个方面，其一是幼儿作为运动操作者在运动时的感觉反馈，称为内部反馈；其二是来自幼儿以外的事物的反馈信息，例如教师对幼儿的观察反馈、健康平台监测分析的反馈等，这些都是外部反馈。

（八）运动总结法

运动总结法是对一定时期的幼儿运动过程的整理、复盘和总结，从中收获经验，找出智能运动手环赋能下实施幼儿运动中存在的问题，引发规律性的认识，从而指导今后科学实施运动。这样的总结可以是过程性的总结，也可以是结果性的总结；可以是面向群体的总结，也可以是针对个体的总结；可以是以教师为主体的对于幼儿运动情况和自身实施情况的总结，也可以是以幼儿为主体的个体运动感受总结。

四、基本操作

（一）幼儿运动活动的科学设计

对于时间、场域、材料和课程等内容作前期思考和计划是智能运动手环赋能下科学实施幼儿运动中非常关键的一步。比如，园所的一日作息安排要充分保障幼儿运动的时间，在场地的安排计划上要尽可能地利用园所多样态的场地（塑胶场地、草地、柏油路面硬场等），以保障教师科学实施幼儿运动，确保幼儿能充分熟悉运动环境与材料，积累运动经验。

（二）智能运动手环的赋能学习

智能运动手环是科学实施幼儿运动的赋能工具，是开展研究的重要基础。目前，市面上的智能运动手环品牌众多，功能也各有不同。因此，认真学习翔殷幼稚园幼儿所佩戴的智能运动手环的基本操作说明、了解日常登录的运动健康平台界面的操作步骤，就非常有必要。只有学习、掌握了相关知识，才能确保后期采集到的数据的真实性与可靠性。

目前，翔殷幼稚园已经梳理撰写了《智能运动手环操作手册》，对于新加手环绑定、手环解除绑定、添加标签信息等基本操作给予了明确说明和注意事项提示，以便各班教师掌握。另外，翔殷幼稚园也制定了十项智能运动手环的管理制度，包括采购制度、配置和使用制度、充电制度、消毒管理制度、异常情况处置制度等，这些也是智能运动手环的赋能学习的内容之一。

（三）幼儿运动活动的实践操作

幼儿运动活动的实践操作指向了针对不同运动形式的教师实施，具体包括区域自主运动、集体运动和操节中的实践操作。

如果根据运动过程的"三阶段论"将幼儿运动分为活动前的准备、活动中的实施、活动后的评价，则幼儿运动活动的实践操作主要指向"活动中的实施"，包括幼儿运动中教师创设环境、观察与指导、创新玩法、动作示范、组织管理、激励和应变等多个方面和多种能力。

（四）幼儿运动负荷的科学测量

过去，教师为了获取一手数据，在操场上追赶着被抽样到的孩子，不停地奔跑，捕捉每一个关键节点来测试孩子的心率，或是在被抽样的孩子身上黏上触头，紧张地在录音机前数着心率。如今，每位幼儿都佩戴上了已经嵌入科学测量算法的智能运动手环，教师得以在自然的状态下观察每一个孩子的运动情况，科学测量每个幼儿的运动负荷，这为我们的研究带来了极大的便利。

（五）幼儿运动负荷的正确评价

目前，技术赋能之下，教师已经可以通过"翔殷幼稚园运动健康平台"实现对于户外活动、区域自主运动和集体运动三类活动的分析评价。

比如，图3-4就是教师中午通过选择时间段查看到的上午区域运动分析情况，包括整个班级的平均心率、最高心率和最低心率。图3-5是下午集体运动的数据情况，教师可以自主输入集体运动各个环节的名称和时长，后台自动计算并生成可视化评价分析图以供教师参考。图3-6是班级查看每一位幼儿户外活动情况的界面，主要用于评价班级幼儿单日活动的总量，涵盖了中高强度运动时长、活动步数等。图3-7是个体幼儿一个月内每一天、每一周的

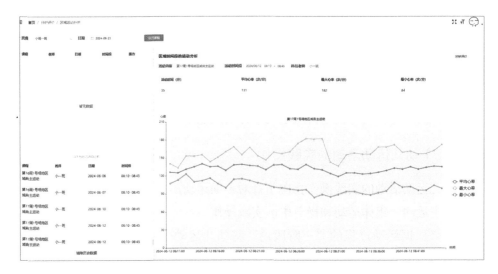

图 3-4 "翔殷幼稚园运动健康平台"区域自主运动幼儿运动负荷可视化分析图

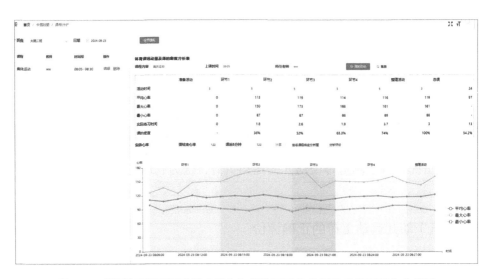

图 3-5 "翔殷幼稚园运动健康平台"集体运动幼儿运动负荷可视化分析图

纵向数据评价汇总。

从群体到个体，从上午到下午，这些即时评价、横向评价（看每位幼儿在群体中的分布情况）和纵向评价（个人发展情况）让我们看到了幼儿发展的速率是不同的、存在差异的，对幼儿运动负荷的多元评价更让我们看到了基于实证的精准实施和科学实施的方向。

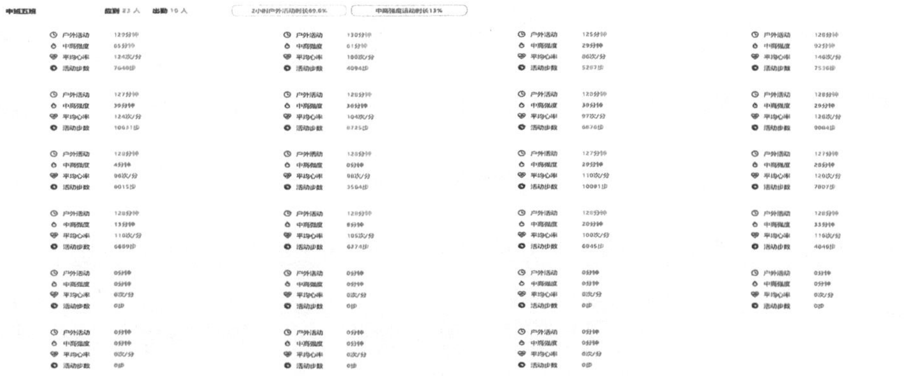

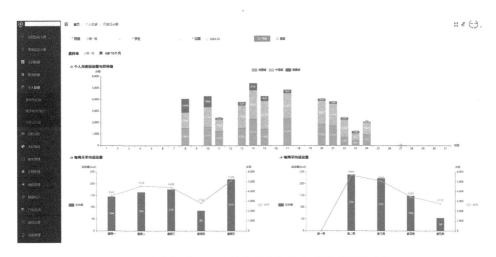

图 3-6 "翔殷幼稚园运动健康平台"班级数据可视化分析图

图 3-7 "翔殷幼稚园运动健康平台"个人数据可视化分析图

（六）环境材料规则的及时调整

收集数据、看懂数据后，如何用好数据才是真正体现科学实施的关键。这里，教师多会以环境、材料、规则的及时调整作为实践行动。

比如数据显示各班在 4 号场地运动时幼儿的运动量始终不足。进一步观察分析后我们发现，这与该场地"小且方"的空间环境特点有关。

于是，我们打通了 3 号和 4 号场地中的部分空间，形成了两个场地共用的"跑道"，为远距离、长时间的运动提供空间线路可能性。同时，结合 4 号场地四四方方的特点，教师巧妙引导运动线路为"回"字形，这样一来，外圈有足够的空间支持幼儿跑、跳等高强度活动，内圈则为高密度、低强度的平衡等运动提供了保障。可见，环境材料规则的及时调整在智能运动手环赋能下科学实施幼儿运动的基本操作中格外重要。

（七）幼儿运动行为的科学指导

环境、材料和规则的及时调整是属于科学实施幼儿运动的间接作用方式，但有时需要教师对幼儿运动行为做出直接的科学指导。比如，当智能运动手环赋能下平台实时告警显示幼儿运动负荷过高的时候，教师就要及时引导幼儿调控运动量，避免负荷过高损伤身体。再或是针对一些特殊体质的幼儿，科学的指导必不可少，如针对癫痫患者，运动负荷过高后容易引起脑电波异常，出现不适症状。当教师关注到相关幼儿运动负荷高、运动量大时，就要尽快提醒其休息，这也是对幼儿运动行为的科学指导。

再如针对病愈返园的幼儿，教师在平台上会"特别分组"，以"安全第一、循序渐进、个性化指导"的原则针对这一群体开展科学指导。

第四章

4

慧思笃行重实操

理论与实践互相交织，共同勾勒出翔殷幼稚园运动育人的完整画卷。基于长期的实践探索和经验，翔殷幼稚园形成了一系列富有特色的典型案例。本章从三个维度对案例进行介绍，第一节主要为教师日常实践，介绍了新技术支持下的运动活动基本模式；第二节从整体角度出发，讲述翔殷幼稚园通过不同班级、场地等的比较分析挖掘运动规律、推动活动改良；第三节强调多方协同共育，讲述如何充分发挥家长等主体的参与互动等。

第一节　技术赋能，一日活动中的基本模式

一、手环数据的"日看""周看"与"月看"

（一）案例背景

在区域运动中，智能运动手环可以辅助教师获得各种数据，如时长、运动负荷、运动轨迹等，结合教师的全程观察及视频拍摄观察，"观察"与"监测"就能相辅相成，支持教师动态调整运动活动实施，逐渐形成手环数据"日看""周看"与"月看"的点滴经验。

（二）案例描述

1."日看"数据，及时调整运动量

早晨户外区域运动时，教师会通过运动大屏中的实时数据，关注个体幼儿运动状态，一旦发现幼儿长时间处于高心率或低心率状态，就会及时调整运动量。保育员也会特别关注实时心率过高的幼儿，引导幼儿互相提醒，或是给予精准护理。

中午，教师会登录数据平台了解幼儿上午区域运动的心率情况，调整下午的活动内容。比如，有天上午，教师观察到幼儿在轮胎区的玩法多是推、走和平衡，数据显示大部分幼儿处于低强度运动状态，下午教师就用轮胎和幼儿一起玩"助跑支撑跳山羊""旋转轮胎""穿越风火线"（图4-1）等高强度运

图 4-1　高强度运动场景

动游戏，既让幼儿"解锁"了更多好玩的轮胎玩法，又能提升幼儿当天的运动量。

离园前，教师还会关注"今日排行榜"，发现有幼儿运动量仍然偏低时，会建议家长利用放学后的时段补足运动量。

2."周看"数据，探寻器材与运动量的关系

表 4-1 呈现的是大一班连续三周的平均心率记录，教师通过"周平均心率"能直观地了解幼儿在同一场地上与器材互动的运动量。

表 4-1　大一班幼儿在 5 号场地的平均心率记录表（单位：次 / 分）

	周一	周二	周三	周四	周五	周平均
第九周	106	104	103	101	105	103.8
第十周	110	110	107	105	106	107.6
第十一周	109	110	110	105	114	109.6

表 4-2 呈现的是不同场地中各班幼儿的平均心率，从中可见 2 号场地幼儿的平均心率差异最大。在平均心率差异较小的 4 个场地中，3、5 号都达到了 100 以上，而 1、4 号场地平均心率偏低，这些问题都引起了教师的注意。

表 4-2　幼儿在各个场地的平均心率汇总表（单位：次 / 分）

	1号场地 （车辆）	2号场地 （民间游戏）	3号场地 （轮胎）	4号场地 （木制器材）	5号场地 （山坡＋大型器械）
大一班	96.4	94.7	104.2	95	107
大二班	99.7	103.8	100	95.7	100.3
大三班	96.3	96.4	102.7	93.2	103
大四班	97.2	95	105	94	109
大五班	97.4	93	103.4	98.6	104

经过分析，4 号场地提供的是木制组合材料，更多引发的是平衡动作，心率偏低在意料之中。须思考是否需要提供其他辅助材料或是调整空间布局来诱发幼儿更多的动作探索。而 1 号骑行场地的心率偏低则出人意料。通过年级组教研，共同分析情况，教师发现车道过短导致幼儿无法持续骑行，是影响运动量的最主要因素，后重新规划了一条能围绕教学大楼、更加连贯的骑行路线。

对于平均心率差异最大的 2 号场地，复盘后发现不同班级幼儿对于民间游戏材料的熟悉程度是造成差异的关键。教师尝试借助教研抛出共性问题，通过幼儿间运动故事、运动视频分享传递玩法经验，如好玩的大布（图 4-2）、丢沙包打怪兽（图 4-3），以提高幼儿的运动量。

图 4-2　好玩的大布

图 4-3　丢沙包打怪兽

3."月看"数据，支持每一个幼儿科学运动

　　月度数据能帮助教师对特异体质幼儿开展更加科学有效的跟踪关注。对于"小胖墩"们，保健老师会根据柱形图中显示的低、中、高强度运动量的分布情况（图4-4），安排"加餐"——既有"营养餐"，也有"运动加餐"。在此基础上，教师与家长进行更有针对性的沟通，给予个性化的运动和饮食建议。有了月度数据，园级层面对于幼儿的运动情况也有了更加准确的判断，通过开展一系列的亲子活动鼓励家长与幼儿一起动起来。

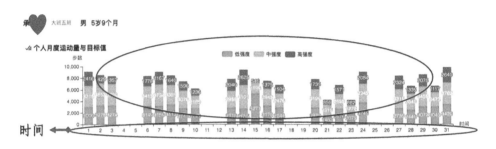

图4-4　低、中、高强度运动量的分布情况

（三）案例反思

　　通过手环数据的"日看""周看"和"月看"功能，我们可以对幼儿的运动量和运动心率进行实时的监测，以便及时调整并支持每一个幼儿的科学运动。这样的监测有助于确保孩子们的运动健康，让他们在合适的运动强度下健康成长。

（上海市杨浦区翔殷幼稚园　陆思琪）

二、数据让每个小朋友都能被"看见"

（一）案例背景

　　教育要面向全体幼儿，尊重幼儿的个体差异，这一理念已经成为幼儿园教师的共识。在幼儿没有佩戴智能运动手环之前，教师多是凭借以往经验来判断班级幼儿整体的运动状况，在实际工作的开展中，幼儿之间存在着哪些个体差异表现？如何做到尊重幼儿的个体差异？教师如何因材施教？这些常常成为困惑我们的难题。如今每个小朋友佩戴手环之后，依靠手环数据，他的所有生理

情况都可以呈现出来，对于教师分析区域自主运动中班级幼儿不同时间段运动强度的个体差异、同一时间段的幼儿运动量大小的差异、个别幼儿某段时间的运动变化等都提供了依据。手环数据让每个幼儿发展的过程有图可看、有据可依、有话可说，让每一个幼儿都能"全程参与"，明确了幼儿运动能力发展水平的差异。信息化赋能教师对幼儿的个性化教育，教师可以基于幼儿活动现场的观察，在数据分析的支持下，能够针对不同能力、不同发展水平的幼儿创造适宜的机会，让教师的支持策略更有针对性，让不同发展水平的幼儿都能在他们各自的最近发展区内实现新的发展，让每一个小朋友都被"看见"。

打开"翔殷幼稚园运动健康平台"，可以看到左侧列表的"全园监控大屏""班级监控大屏""全园数据""班级数据""个人数据""分析评价""定位轨迹"等选项（图4-5），功能十分多样，教师可以根据不同的需求进行数据提取，比如可以分析班级幼儿整体的户外2小时运动时长、中高强度达标情况、班级幼儿某段时间平均心率变化的情况，还可以分析个别幼儿一天的步行轨迹、运动量、心率变化等。下文将以幼儿区域自主运动为切入点，就每天、每周、每月看手环哪些数据及如何进行分析和应用来为大家展开介绍。

图4-5 翔殷幼稚园运动健康平台截图

（二）案例描述

1. 每天看"三线一点"

"三线"指的分别是平均心率折线、最大心率折线、最小心率折线，"一点"指的是线上的数据点，下面将具体介绍。

以 2023 年 11 月 20 日为例，调取中五班孩子在 1 号场地 9 : 47 至 10 : 13 的区域自主运动的心率变化折线图，最上方行显示了活动的时间、平均心率值、最大心率值和最小心率值。下方折线图中有三条线，分别是班级幼儿最大心率、平均心率、最小心率折线。

（1）平均心率折线

图 4-6 中间的一条线是平均心率折线，平均心率折线上的每个数据点记录的是某一时间点上，班级幼儿整体的平均心率，它统计的是班级幼儿整体的平均心率在一定时间段内的变化，是教师分析班级幼儿区域运动整体情况最经常参考的一条线。首先我们会对这条线的整体趋势做一个解读。可以看出，这条线的走势平缓，整体相对稳定，说明班级幼儿整体平均心率的波动不大，运动强度趋向接近，班级大部分幼儿运动状态积极。

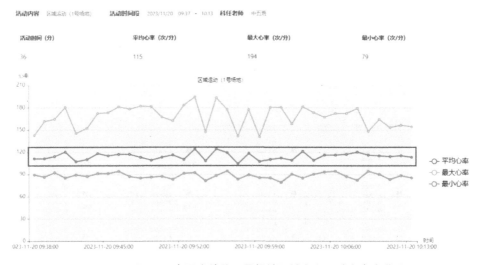

图 4-6 11 月 20 日中五班幼儿 1 号场地区域自主运动心率变化图 1

（2）最大心率折线、最小心率折线

平均心率折线上方的是最大心率折线，最大心率折线上的每个数据点记录的是在某一时间点上出现最大心率的数值和对应的幼儿姓名，它描绘的是一段时间内班级个别幼儿最大心率值的变化。平均心率折线下方的是最小心率折线，最小心率折线上的每个数据点记录的是在某一时间点上出现最小心率的数值和对应的幼儿姓名，它描绘的是一段时间内班级个别幼儿最小心率值的变化。

取任一时间点上，将对应的最大心率值和最小心率值的数据点连线，如图4-7所示。用红色线段表示，红色线段越长，代表某一时间点上，最大心率值与最小心率值差异越大，孩子之间的运动强度差异越大；反之，红色线段越短，代表某一时间点上，最大心率值与最小心率值差异越小，孩子之间的运动强度差异越小；红色线段最短的两段出现在运动开始和结束的时候，对应在热身和放松环节班级幼儿运动心率的变化最小。红色线段最长的一段出现在52分到59分中间，说明这段时间幼儿之间运动强度的差异比较大。

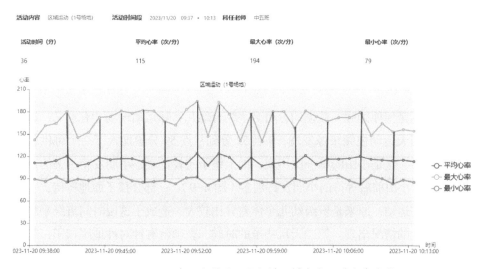

图4-7 11月20日中五班幼儿1号场地区域自主运动心率变化图2

（3）平均心率折线上的数据点

"一点"指的是平均心率折线上的数据点，关注数据点的波动可以让我们聚焦某段时间幼儿运动情况的变化。图4-8中，线前后半段的数据点趋势平缓，中间9点52分到9点59分这一段上下波动明显，数据点的差值比较大。一方面的原因可能是这段时间幼儿心率之间的个体差异比较大，有的幼儿心率很高，有的幼儿心率很低；另一方面的原因可能是班级一些幼儿在这段时间选择了强度变化比较大的运动方式，比如选择快速高强度地跑过去，又缓慢低强度地走回来，这样也会造成平均心率数据点的波动；还有可能班级一部分幼儿在某段时间内集中进行了擦汗休息，拉低了一段时间内的班级平均心率值，如此也会出现平均心率数据点波动较大的情况。

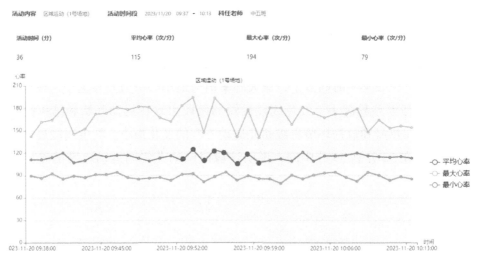

图 4-8　11 月 20 日中五班幼儿 1 号场地区域自主运动心率变化图 3

那究竟是何原因呢？数据的分析必须结合幼儿实际运动现场才有意义，返回查看幼儿当天运动视频录像发现，9 点 52 分到 9 点 59 分段加入了一个可供爬行的垫子小山，这是小山的第一次出现，加上垫子比较低矮，小朋友爬过去的速度很慢，导致小山前后等待的小朋友特别多（图 4-9）。一部分孩子原地等待，一部分孩子还在运动，原来是班级幼儿个体差异比较大，造成了这段时间班级平均心率波动较大的情况出现。第二天玩垫子的时候，教师就有针对性地跟孩子一起讨论，有没有不排队也能爬垫子小山的好办法呢？小朋友说可以再搭个垫子小山，

图 4-9　11 月 20 日中五班幼儿 1 号场地区域自主运动现场

这次的"小风波"就这样平稳度过了。数据成为教师的第三只眼睛，在验证教师观察时做出的初步判断和猜测的同时，也补充了观察现场缺失的视角。

2. 每周看两图

以上是每天对数据的解读方式，而每周，我们会看平均心率周变化折线图和最大最小心率幼儿频次统计图。

（1）平均心率周变化折线图

每星期区域自主运动结束后，我们查看这一周幼儿运动强度的变化。以第一周为例，统计第一周中五班从 11 月 20 日到 24 日平均心率的变化，会发现它是"高开低走"的情况（图 4-10），查看视频分析主要原因是孩子喜欢把垫子摆成闭合的圆形小路通过（图 4-11），这样很容易造成原地等待、班级整

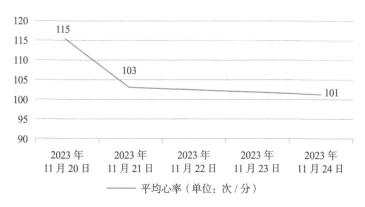

图 4-10　中五班第一周班级幼儿平均心率变化图

图 4-11　中五班幼儿 11 月 21 日幼儿区域自主运动现场

体运动量上不去的情况。出现这种情况的原因主要还是幼儿玩垫子的经验比较少，于是我们在下午开展《我是消防员》《小桥缺一段》等集体运动来丰富幼儿的垫子运动经验，启发幼儿更多垫子玩法。在区域自主运动分享环节也会选择有锻炼价值和较高运动量的玩法与幼儿分享，激发集体运动与区域自主运动的互促互进。

通过在运动分享环节、集体运动中与孩子一起不断丰富垫子的玩法，垫子的摆放路线也在悄悄发生变化，由闭合的圆形变成开放的三长条形（图4-12）。幼儿的平均心率呈现明显的上升趋势，数据虽然有反复，但整体的趋势是一路向上的（图4-13），说明教师的调整方向是对的，措施是有效的。

图4-12　中五班幼儿11月28日幼儿区域自主运动现场

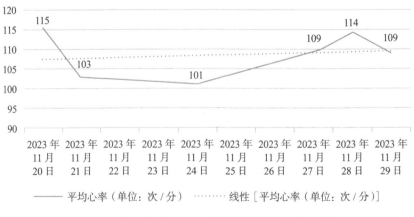

图4-13　中五班第一、二周班级幼儿平均心率变化图

（2）最大最小心率幼儿频次统计图

在关注班级的整体运动情况的同时，手环数据也助力教师对个别幼儿的跟踪观察，每分钟的数据点会显示此刻最大心率、最小心率的幼儿姓名，每周教师会统计出现在最大心率、最小心率榜前五名的幼儿。

如图4-14所示，教师统计了中五班幼儿在第一周1号场地运动时最大心率、最小心率幼儿出现频次。蓝色柱状图统计的为最大心率幼儿前五名，黄色柱状图统计的是最小心率幼儿前五名。

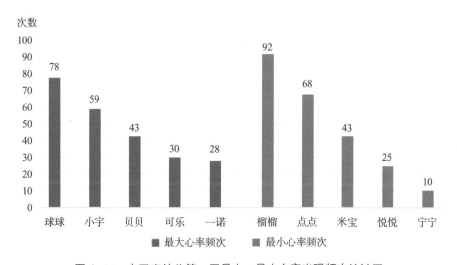

图4-14　中五班幼儿第一周最大、最小心率出现频次统计图

对于经常占据最大心率排行榜首的幼儿，他们的运动强度在班级是处于领先的，教师会在孩子的运动现场提醒其进行自我管理，玩累的时候注意及时擦汗和休息，因为长时间的高强度运动对幼儿的身体健康也会造成一定的损伤。对于经常出现最小心率的幼儿，我们也会回到视频中复盘孩子的运动现场，找到导致幼儿运动量不足的原因，一方面会给予他们更多的关注，鼓励这类孩子在运动中更加勇敢地挑战自我，另一方面也会及时做好家园沟通，与家长反馈孩子在园的运动情况，建议家长在空闲时间多带幼儿到户外运动。

让我们感到惊喜的是，数据在让我们关注到"两头"运动强度过高和过低的幼儿同时，也在提醒我们不要忘记中间段容易被忽视的孩子。这类孩子在老师的印象中是一直很少寻求帮助且运动状态好的孩子，当老师的眼睛只盯着现场运动能力比较强和比较弱的孩子时，处于中间水平的孩子便成了"看不见的陌生人"。庆幸的是，通过对于幼儿最大心率、最小心率的统计，老师更容易视而不见的中间段孩子再次进入教师的视野内，教师得以给予这类孩子更多的关注和指导。就比如点点，印象中一直在走动的她怎么登顶最小心率前五名？这让老师对她一段时间的运动情况产生了好奇。老师调取了点点从 9 月 19 日到 11 月 24 日的中高强度时长统计图（图4-15），发现尽管两个月中她中高强度达标天数只有 1 天，但可以看出，11月以后中高强度时长爬梯式升高，点点在自身的水平线上不断提高，教师也会给予她及时的肯定和鼓励。数据让更多幼儿的进步过程被老师看见，促使教师在对幼儿进行运动评价时不只关注结果，更看重幼儿运动中的过程性发展。

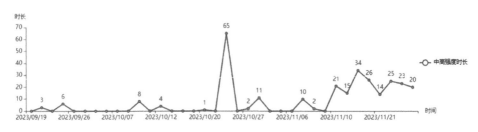

图 4-15　中五班幼儿点点 9 月 19 日到 11 月 24 日中高强度时长变化图

3. 每月看两个"面"

（1）横向与平行班在该场地的运动情况相比

就横向来看，每三周一轮区域运动场地结束后，教师会比较自己班与平行班幼儿在同一场地的运动情况，如存在明显差异，教师会进行反思，分析在教师组织、幼儿兴趣、材料玩法等方面存在的差异，促使不同班级之间的教师共享经验。

（2）纵向与本班在其他场地的运动情况相比

就纵向来看，每三周一轮区域运动场地结束后，教师也会比较班级幼儿在上一场地的运动情况，数据能帮教师分析出不同场地幼儿区域运动的变化及其原因，如场地大小、材料提供、幼儿动作、有效运动时长等，这样就可以借鉴不同场地的优势，不断优化另一场地的运动情况。

（三）案例反思

数据的分析必须结合幼儿实际运动现场才有意义。脱离了实际情境的数据，就像失去了生命的躯壳，虽然存在，但却失去了活力与价值。幼儿的运动发展是他们成长过程中至关重要的一部分，它不仅关乎孩子的身体健康，更是智力、情感和社会性发展的基础。因此，对于幼儿运动数据的分析，不仅要看到数字背后的趋势，更要深入现场，理解这些数据背后的实际意义。

在现场，我们可以看到孩子们欢笑的脸庞，听到他们兴奋的呐喊，感受到他们运动时的小小力量和无限活力。每一个数字，都代表了孩子们在运动中的一次尝试、一次挑战、一次成功或是一次失败。只有当我们亲眼看到孩子们的运动表现，才能准确解读出这些数据背后的含义。

此外，结合现场实际，我们还可以对数据分析的结果进行验证和修正。有时候，数据可能会因为各种原因而产生误差，而现场观察可以为我们提供最直接、最真实的反馈。我们可以根据孩子们的实际表现，调整数据分析方法，使其更加贴近孩子们的真实情况。

因此，对于幼儿运动数据的分析，必须结合现场实际，如此才能真正理解数据背后的意义，为孩子们的运动发展提供更加准确、有效的指导。

（上海市杨浦区翔殷幼稚园　安　娟）

三、让小蝴蝶飞得更轻松

（一）案例背景

小班幼儿在区域运动中对纱巾比较感兴趣，会尝试抛、扔，还喜欢带着纱巾跑。经观察，发现幼儿跑步状态：两脚拖在地上跑；一步一跳地跑，步幅小且不均匀，摇晃、易摔；四散跑时，由于控制方向的能力较弱，容易和他人发生碰撞。

鉴于以上在区域活动中发现的幼儿跑步动作不协调，跑动中容易摔倒和发生碰撞的问题，综合考虑当时为冬季户外温度较低的季节因素，教师设计出以"跑"动作为主的集体运动游戏《蝴蝶飞飞》（表4-3），希望通过集体运动给予幼儿更多跑的动作的练习机会，使幼儿在区域运动中跑的动作得到改善，发展幼儿跑的基本动作，让他们在游戏中能坚持跑动，体验运动的乐趣。

表4-3 《蝴蝶飞飞》活动设计表

环节	名 称	用时（分）	目 标
1	热身	1.5	活动上下肢
2	蝴蝶飞	1.5	练习四散跑
3	分享交流	3	关注脚步动作
4	大风吹	2	练习避让
5	分享交流	2	不碰撞的好方法
6	大风吹	2	再次练习
7	大风小风来了	3	巩固练习
8	放松	2	舒展放松

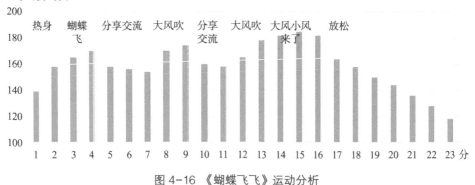

图4-16 《蝴蝶飞飞》运动分析

（二）案例描述

活动总时长17分钟，运动密度70.6%，活动平均心率165.33次/分；班级幼儿平均心率折线图属于前低后高，心率是不断上升，然后再回落，看似符合标准，但只看数据就可以说活动合理吗？不，细看每个环节，会发现：

第一，这个活动高强度高密度，运动量偏大，不适合小班幼儿。

第二，从幼儿生理表现来看，在运动过程中，幼儿出现咳嗽，在"大风小风来了"时表现为有点吃力、脸部发红、出汗量大，且在分享交流中出现需要调整呼吸才能顺利说出话的情况。

分析原因：

作为奔跑类游戏，"大风小风来了"的时间偏长，造成幼儿在长时间内高密度高强度运动，运动量偏大，结合幼儿生理反应，应将现有活动密度降低至符合幼儿身心发展。

调整策略见表4-4：

表4-4　优化后《蝴蝶飞飞》活动设计

环节	名　　称	用　　时	目　　标
1	热身	1.5	活动上下肢
2	蝴蝶飞	1.5	练习四散跑
3	分享交流	3	关注脚步动作
4	大风吹	2	练习避让
5	分享交流	3	不碰撞的好方法
6	大风吹	2	再次练习
7	分享交流	3	总结经验、介绍玩法
8	大风小风来了	1	巩固练习
9	放松	3	舒展调整

第一，将持续跑动的时间尽量缩短，使活动密度降低，在游戏过程中穿插分享交流，给幼儿一个缓冲调整状态的机会。

第二，延长放松时间，让幼儿心率可以渐渐平复。

调整后的活动测得：

活动总时长20分钟，密度55%，活动平均心率143.29次/分，是非常标准的折线图，由此可见：虽然这个集体运动的内容是运动量偏大的"跑"，过程中环节也比较多，但每个环节的分享交流都给了幼儿体能缓冲的时间，将整段式的跑动游戏环节切断后，活动密度得到调整。从分析图（图4-17）来看，这个活动的环节设计和组织都是比较合理的。

通过数据图标可以进一步描述集体运动活动时幼儿的运动情况，可视化的活动结构使活动的时间分配显得更加直观、更具合理性。

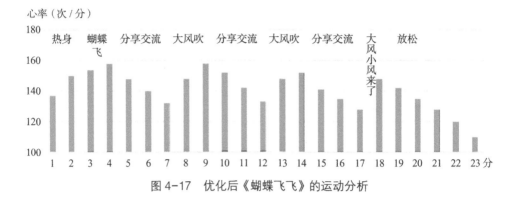

图 4-17　优化后《蝴蝶飞飞》的运动分析

（三）案例反思

我们不能只看数据就说幼儿运动活动是合理的，要结合幼儿的现实表现。数据，无疑是现代社会中一种重要的参考依据，尤其在幼儿运动活动领域，它能帮助我们了解孩子的活动量、心率等生理指标，为评估他们的健康状况提供依据。然而，数据往往只是冰山一角，它反映的是表面现象，而非孩子们在运动中的实际体验和感受。孩子们在运动中的快乐、挑战、合作与探索，这些都是数据无法捕捉到的。我们必须深入观察，倾听他们的声音，感受他们的情绪变化，才能真正理解运动活动对他们来说意味着什么。手环数据或许能告诉我们孩子运动了多久，但它无法告诉我们孩子在运动中的成长与收获。

因此，作为教育者和家长，我们不能仅仅依赖数据来评价幼儿的运动活动，要成为那些数据的解读者，结合孩子的实际表现，去评估运动活动是否真正符合他们的需要。我们要关注孩子们在运动中的体验，确保他们在活动中既能得到锻炼，又能享受到乐趣。

这并不意味着我们要完全摒弃数据。相反，我们应该将数据作为一种工具，结合我们的观察和判断，来更全面地了解孩子们的运动状态。只有这样，我们才能确保幼儿的运动活动既科学又合理，真正为孩子们的成长和发展服务，让他们在运动中快乐成长。

（上海市杨浦区翔殷幼稚园　李　玮）

四、小场地、大运动

（一）案例背景

幼儿园为满足孩子2小时的户外活动时间，决定拓展户外活动空间，打造楼顶"空中乐园"，为幼儿增加户外运动和游戏场地。其中，空中5号场地是一块方正、面积较小的区域。10月9日至10月27日，中五班幼儿都在空中5号场地进行区域运动。相较于楼下大操场，幼儿在空中平台开展区域自主运动时，有些玩法和材料的使用都受到场地的限制。例如，幼儿在奔跑时容易和其他幼儿发生冲撞；幼儿玩"大布"时占据了几乎一半运动场地，导致其他运动项目没有足够的空间开展……中高强度的运动难以在空中场地实现。当教师调取幼儿运动数据后，果不其然，班级平均心率较低。

（二）案例描述

运动中，贝贝、笑笑和南瓜特别喜欢"铁环"这一材料。他们每天把铁环当作"方向盘"，自发进行"开车"游戏，三人在运动场地进行直线跑、四散跑、追逐跑、变向跑等（图4-18）。

图4-18 三人运动场景

运动后，教师调出这三名幼儿 10 月 10 日在区域运动期间 8:00—8:40 的心率图，他们的平均心率分别为 100 次/分、105 次/分和 110 次/分（图 4-19 至图 4-21），都未达到中高强度运动的标准。经复盘运动视频，发现他们在跑动过程中常出现急停，连续跑动的距离较短，这都是由于场地较小，使得他们经常在跑动中和其他幼儿发生碰撞，抑或是缺乏足够空间来跑步。基于上述的"观"与"测"，我们将空中 5 号和空中 4 号场地打通，调整后的运动场地面积几乎扩大了一倍，方正的运动场地变成了长条形。

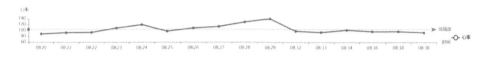

图 4-19　幼儿一心率变化图

图 4-20　幼儿二心率变化图

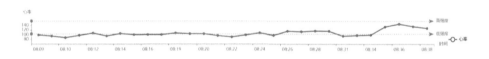

图 4-21　幼儿三心率变化图

再次回到运动中进行观察，三名幼儿在打通后的场地上追逐、奔跑，沿着场地的长边跑、绕着长形场地的外围跑……他们的跑动场地更安全了，连续跑动的距离更长了，并且和其他运动中的幼儿互不干扰，而从他们运动的速度能够看出，他们对于"开车"的热情也更高了。再次调看三名幼儿 10 月 17 日的平均心率，分别为 125 次/分、146 次/分和 124 次/分（图 4-22 至图 4-24）。

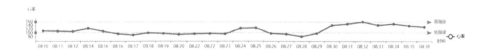

图 4-22　调整后的幼儿一心率变化图

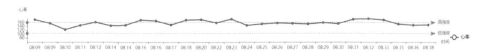

图 4-23　调整后的幼儿二心率变化图

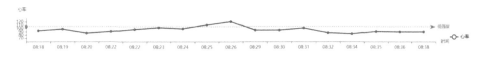

图 4-24　调整后的幼儿三心率变化图

此外，我们还惊喜地发现，当空中 4、5 号场地打通后，班级平均心率也呈上升趋势（图 4-25）。可见，打通邻近场地可避免幼儿因位移距离不够、场地面积限制等原因造成的低运动量，从而实现在小场地中"跑"出中高强度。

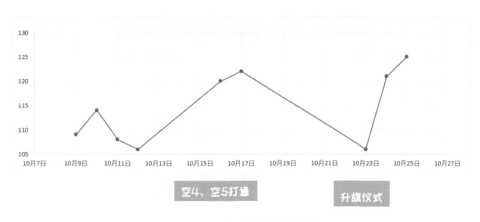

图 4-25　中五班平均心率图

（三）案例反思

在空中 5 号的区域运动中，我们基于幼儿运动负荷"观"和"测"，成功实现了"小场地，大运动"。这也给了新的启示：在雾霾天、雨天等不适合开展户外运动的天气，如何在狭小的室内空间实现中高强度运动？例如，打通 2 个班级门口的走廊、充分利用园内各个角落等，都将成为提高室内运动质量的新思路。数析运动赋予局促的运动场地无限的可能，也帮助教师验证提升幼儿运动量的策略是否有效。我们将继续依靠数据说话，"看见"幼儿的运动量，支持幼儿科学运动。

（上海市杨浦区翔殷幼稚园　黄一凡）

五、小树林与轮胎的"邂逅之旅"

（一）案例背景

7号场地是一块原生态、富有野趣的活动场地，它的左边连接着大型运动器械，右边是一片小树林和悬空的绳索桥（图4-26）。轮到大五班在7号场地开展为期三周的区域运动了。

图4-26　7号场地实景图

（二）案例描述

前三天孩子们在7号场地玩得非常投入，开心地在各个区域间穿梭。有的反复从运动器械的不同区域爬上滑下，有的结伴走绳索桥，还有的站在滑梯的最高处呼喊着同伴……可从第四天开始，孩子们投入程度降低。查询运动数据，前三天班级平均心率基本保持在124次/分上下，从周四开始持续下降，从周四的117次/分逐步降至第二周周一的112次/分（图4-27）。

分析导致运动量下滑的主要原因，一是孩子们初玩7号场地的新鲜感逐步消失，兴趣降低；二是7号场地都是固定的运动器械，玩法相对单一，对于大

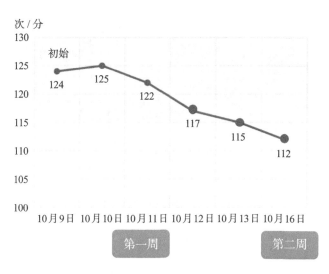

图 4-27　区域时间段的运动分析

班孩子来说创造空间受限。那如何重新焕发孩子们的运动热情，让 7 号场地也能满足大班孩子的运动需求，增加运动量呢？

在运动故事分享时，我们一起来商量："想在小树林里玩什么？怎么玩？"孩子们争先恐后地说道："小树林像一个迷宫，可以在里面藏来藏去、追来追去。""绳索桥边上的整理柜里有很多的小轮胎，我想把它从小山坡上滚下来，会不会很好玩。""我也想试！""我也是！"孩子们附和道……主动倾听孩子们的需求后，我们加入了轮胎等辅助物。

第二天一早刚做完热身运动，晨晨、大宝、蕙杺急忙去拿轮胎，拎着它走向了小树林上方斜坡的最高处，蕙杺说："我们把轮胎朝着不同的方向滚吧！"只见轮胎纷纷滚下，快速地朝着小树林地远处滚去。大宝欢呼："我的轮胎滚得快！"晨晨说："我的轮胎滚得最远了！"孩子们朝着轮胎滚下的方向飞奔而去……他们不断尝试，往返于树林、山坡间，追逐着小轮胎（图 4-28）。

几天后孩子们又有了新的玩法。果果从教室里拿来了跳绳的绳子套进了两个小轮胎，对着我说："毛毛老师，你看这样走起来轻多了，我还能拖着它跑呢！"他飞快地向大型运动器械跑去……小宝却说："拉小轮胎这么轻，我要去拉大轮胎试。"她拉着大轮胎往大型运动器械上走去……其他的孩子看到后纷纷效仿（图 4-29）。

图 4-28　滚轮胎游戏场景

图 4-29　拉轮胎运动场景

（三）案例反思

来到 7 号场地运动，初始孩子们的运动状态与第四天孩子们的运动状态间发生的变化被老师及时发现、观察到，通过查询数据，验证了教师对孩子运动量下滑的观察判断。同时数据辅助教师进行跟进观察，连续三天的数据复盘，让教师精准地对班级整体运动量的下滑做出了进一步的判断。可视化的呈现方式，清晰明了。

通过幼儿运动现场的观察，教师有针对性地进行数据复盘，而数据的波动情况也促使教师持续观察，并及时对区域运动进行分析和调整，让 7 号场地得以重新唤醒孩子们的运动热情（图 4-30）。

孩子们的运动孩子们来做主，他们打破了场地的界限，从操场的其他场地拿来了各式轮胎，小轮胎穿梭在错落生长的树丛间，小树林成了孩子们追逐跑的乐园；他们打破了空间的界限，从教室拿来了绳子，用不同的方式带着轮胎

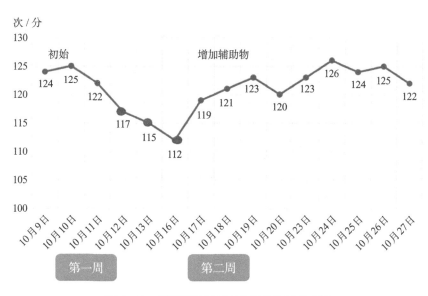

图 4-30　调整后的区域时间段的运动分析图

在大型运动器械中负重前行。最终让 7 号场地呈现了"旧颜换新貌"的风采！

数据赋能带来了解读运动的新途径，数据使我们更科学地去识别幼儿的运动，更理性地去判断分析幼儿的运动现状，更有效地进行调整和推进，促进区域运动更科学、更高效！

（上海市杨浦区翔殷幼稚园　毛怡君）

六、心中有"数"，行之有"方"

（一）案例背景

教师结合日常观察，设计集体运动《超级射手》（图 4-31），旨在通过带球射门动作促进身体协调性。活动设计过程中仔细斟酌集体运动设计考量，选择在 4 号场地（15 米 × 15 米）开展活动，器械选择了 6 个"球门"（紫色垫子与塑料方框的组合）及人手一个足球。

大班教研组开展集体运动《超级射手》实践研讨，基于数据科学优化集体运动。从大一班随机抽选出 6 位幼儿作为观察对象，重点观察其集体运动中的运动行为、生理反应，以及智能运动手环监测到的数据情况。后针对目标设置、环节时间配比、场地选择、活动规则等进行了优化。

一、热身活动——一起玩足球（3 min）

二、重点环节——超级射手（24 min）

第一次游戏：用脚运球。（7 min）

身体任意部位停球（3 min）、带球击掌（3 min）

第二次游戏：击打固定物体。（10 min）

射门练习（5 min）、射门比赛（4 min）

第三次游戏：击打移动物体。（7 min）

足球版打野鸭（6 min）

三、放松整理环节——（3 min）

图 4-31 《超级射手》活动介绍

（二）案例描述

1. 解读整体数据，发现问题，对标优化

（1）观察与发现

第一次实践活动后，教研组首先对运动密度、平均心率、恢复安静心率用时三个数据进行了解读。数据情况汇总如下：活动总时长 35 分钟、运动密度 74.3%、平均心率 110 次 / 分、恢复安静心率时间 2 分钟。可见本次集体活动运动量偏低。在活动时长较为适宜、活动密度较高的前提下，分析这一结果是运动强度偏低造成。

（2）分析与策略

经过研讨，教研组认为活动强度不够主要与场地、器械有关。第一，场地过小，活动区域局限。第二，器械（"球门"）数量不够，影响幼儿锻炼频次。

于是做出如下调整：

第一，通过对标《上海市幼儿园办园质量评价指南》中"子领域 2：动作发展"下的"3. 具有一定的力量和耐力"之"表现行为 5"之"2.3.4 能向指定方向快跑 25 米左右"，将场地扩大为操场 3、4 号场地（25 米 × 15 米），并在教研组活动安排沟通时增加了场地沟通环节，上报园长室，从制度上确保活动的开展。

第二，增加器械数量，将"球门"（紫色垫子与塑料方框的组合）数量增加到 10 个，基本保证平均 3 名幼儿使用 1 个"球门"，提高幼儿活动频次。

2. 聚焦环节数据，对症下药，调整规则

（1）观察与发现

初步解读数据后，教研组又对各环节幼儿运动数据进行解读，发现在"击打固定物体""射门比赛"环节，班级平均心率仅 80 次 / 分（图 4-32）。分析后得出，或是由于方案中"幼儿依次每人射门一次，比比哪组紫色垫子往后移动得更多"的规则导致幼儿兴致不高且锻炼频次过低。

（2）分析与策略

在后两次实践中调整为依次出发射门，直至紫色垫子移动到指定区域后停止，增加比赛趣味性及幼儿流动性，以此合理搭配运动强度和密度，控制活动的节奏。

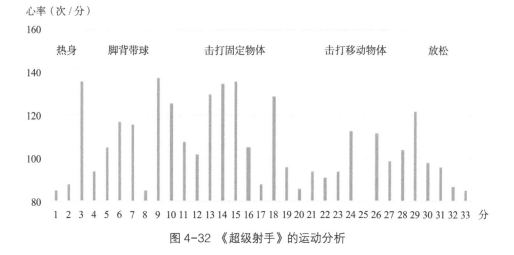

图 4-32 《超级射手》的运动分析

3. 分析个体数据，由小见大，看见差异

（1）观察与发现

通过数据算得本次活动全程标准差为 19.02，明显高于过往活动。具体解读幼儿数据后发现有超过一半幼儿运动量偏低。对比各环节标准差，我们发现一组鲜明对比，在 3 分钟热身环节平均心率为 112 次 / 分，这一环节因相对结构更高，标准差为 12.8，为各环节最低，而在带球击掌环节平均心率为 114 次 / 分，心率数据与热身接近，但标准差高达 19.2（图 4-33），为各环节最高。由此可见在"带球击掌"这一环节幼儿心率离散程度非常大，也可以说个体差异很大。

热身 9:00—9:02	带球击掌 9:07—9:09
104	110.6
110.6	115
112	89
101	97
95	94
113	108
105	104
110	125
101	136
125	133
105	101
147	105
132	147
103	109
126	96
109	160
106	120
112.0352941	114.6823529
12.87025486	19.19044601

图 4-33 《超级射手》中两个环节运动数据及标准差

（2）分析与策略

　　基于这一情况，结合教师观察，对比样本幼儿与全体幼儿数据，我们对数据及运动实录进行复盘（图 4-34）。发现在《超级射手》基本环节的"用脚带球""带球击掌"中，幼儿心率呈现两极。例如在调整前"带球击掌"环节的 3 分钟里，样本幼儿 QYX 心率明显低于班级平均心率，均值在 86 次/分左右，而样本幼儿 YHX 与之形成鲜明对比，均值在 147 次/分左右。经过解读分析发现是由于样本幼儿 QYX 带球动作仍不熟练造成，边带球边找同伴击掌这一动作对其而言难度过高，反而阻碍了运动。而复盘时可以在班中约一半幼儿的运动数据及运动行为中发现这一情况。

　　之后，我们对此环节难度进行了调整，根据幼儿实际情况及其最近发展区，循序渐进地开展活动。在后两次实践活动中将此环节调整为场地角落摆放路障，带球向指定方向跑动，幼儿心率有显著提升，标准差变小。

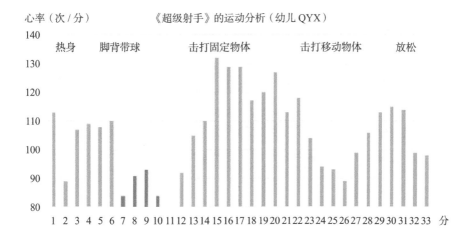

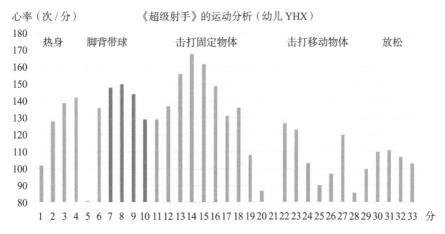

图 4-34 《超级射手》中两位样本幼儿运动分析

（三）案例反思

在没有智能运动手环赋能的情况下，教师仅凭肉眼观察很难判断幼儿平均活动情况、幼儿与幼儿之间存在的差异，更不会有机会查到差异背后是游戏规则和幼儿动作发展限制了运动的开展。

引入智能手环后，两个孩子的数据差异产生的"标准差"让教师有机会接近和看清每一个幼儿个体，发现大家运动发展的速率是不同的，要尊重孩子的差异发展。同时，也让教师看见了智能运动手环赋能下科学实施幼儿运动正朝着"面向每一位幼儿的精准保教"迈进，这样的行动很有意义。

（上海市杨浦区翔殷幼稚园　傅婵慧）

七、"来来回回"的轨迹

（一）案例背景

"翔殷幼稚园运动健康平台"新增了"定位轨迹—实时定位/历史轨迹"的功能，这样一来教师既可以实时查看每一位幼儿户外运动中的定位所在，又可以复盘某一时段幼儿运动的历史轨迹。办公室里，大家都饶有兴趣地查看这个新功能，复盘着幼儿区域自主运动中的运动情况。

（二）案例描述

1.活动轨迹中的"来来回回"

某日中午，我通过"翔殷幼稚园运动健康平台"复盘上午幼儿区域自主运动中的情况。我发现帅宝上午的活动轨迹一直在 5 号场地和 1 号场地来来回回。（图 4-35）

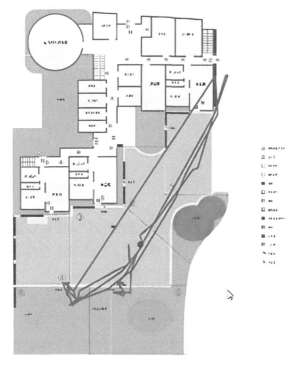

图 4-35 "翔殷幼稚园运动健康平台"上幼儿帅宝的
历史轨迹截图

我感到有些奇怪，于是就和搭班顾老师讨论了起来。

搭班顾老师说："今天我们是在 5 号场地上运动，那他一直去 1 号场地做什么？"

"小凯也有来来回回的活动轨迹，还有小贝。"我一边说边仔细查看小朋友们的活动轨迹动图，并和顾老师一起操作翻看。

瞧了一会儿，又发现有 4、5 个孩子有同样的活动轨迹，我们琢磨着："明天我们俩特别关注一下这几个孩子吧。""好的"。

2. 找找"来来回回"的原因

第二天，我们带着前一天的疑问在区域自主运动中加强了对这几个"来来回回"孩子的观察。活动开始没多久，帅宝往 1 号场地方向跑去了，身后紧跟着小凯，我快跑几步也尾随观察。

只见帅宝和小凯一路小跑到 1 号场地第三个收纳架前，两个人相互合作取了两个迷彩垫子，然后一人拖着一个迷彩垫子往 5 号场地方向走，并将垫子铺设在小山坡和滑梯处，重复了两次取、放垫子后才开始运动。终于，"来来回回"的原因找到了！

3."来来回回"引发的行动

在之后的 3 天里，我和顾老师持续在区域运动现场观察，并在运动健康平台复盘。我发现，班级里每天有近1/3的孩子会在 1 号场地和 5 号场地之间来来回回，而原因是一致的。

在一次午后，我和班级幼儿一起在班级大屏上观察自己的运动轨迹。帅宝说："哎呀！我一直在跑来跑去绕圈呀，真好玩！"小凯也说道："我也是啊，我们在干吗呀？哈哈哈！"不仅如此，我也和幼儿一起看了运动时的视频，这时，幼儿才回忆起来，原来自己是在拿垫子呀。之后，我们一起去操场上讨论垫子放在哪里更合适，可以方便小朋友们取放。最后，我们发现，在 6 号场地的收纳柜里也可以放垫子，这样整个操场上的小朋友都可以更快、更容易地拿垫子啦！

同时，我把我们的发现告诉了教研组里的其他老师，大家一起对 5 号场地幼儿活动轨迹的复盘，也引发了对于"垫子集中摆放在 1 号场地，合适吗？""如何支持幼儿在'L 型'操场上取用垫子更便捷？"等话题讨论。

最终，经过教研组、园长室和活动组的讨论确定，将垫子分设在了 1 号场地和 6 号场地，以供不同场地上的幼儿就近取材。（图 4-36）

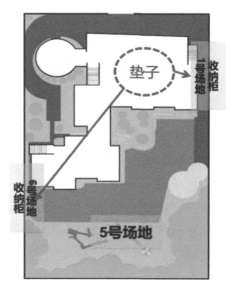

图 4-36　调整后的垫子收纳位置图

（三）案例反思

1. 从"活动轨迹"看到幼儿的自主

从"活动轨迹"看幼儿，他们横跨整个操场取用和整理材料，已然是"运动中自己的小主人"的模样。在我们的日常观察中，往往注重幼儿运动动作、运动行为、运动安全等，几乎不会关注到"活动轨迹"。然而，就是这样一个"来来回回"的活动轨迹，引出了我们对于幼儿区域自主运动中自主行为的捕捉、分析和调整。我们始终相信"幼儿是天生的运动家""幼儿是天生的小主人"。在我和顾老师发现、观察、支持的过程中，我们惊喜地发现幼儿就是如此的自信、自主。而且通过智能运动手环，这样的自主发展是能被看见的。

2. 从"活动轨迹"看到教师的尊重

"区域运动中材料如何投放和收纳？"这通常情况下都是教师"说了算"，但在智能运动手环赋能下，我在区域自主运动中发现了孩子"来来回回"的行为，在尾随、观察、解读与分析后，最后和幼儿一起讨论问题。这样的"等一等""想一想"，是我们作为教师对于幼儿的尊重、理解与认同，也是教师在科学实施幼儿运动中应有的态度。

3. 从"活动轨迹"看到基于幼儿需求的教师跟进

智能运动手环赋能让我们看见了区域自主运动中幼儿对于场地、材料的使用需求，而作为教师的我们基于需求及时调整材料收纳的位置，以支持幼儿就近取材，充分锻炼，这样基于活动轨迹、基于实证数据的调整跟进是更为有意义、有价值的。

（上海市杨浦区翔殷幼稚园　曹清瑞）

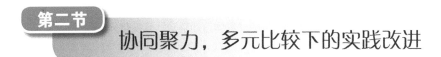

协同聚力，多元比较下的实践改进

第二节

一、"同"与"不同"

（一）案例背景

幼儿园添置了许多"沙袋"，区域自主运动中，孩子们会饶有兴趣地使用沙袋做运动。为了丰富幼儿以"沙袋"为典型材料运动的经验，中班组的老师计划在下午组织《好玩的沙袋》集体运动。于是，大家共同商讨制定了集体运动活动方案，并计划让两位青年教师 C 和 H 先来组织实施。

（二）案例描述

同样的方案、同样的场地，C 和 H 两位老师完成了集体运动的实施，但是可视化分析图出来后，似乎并"不同样"（图 4-37、4-38）。

两位教师两次集中交流分享的总时长是相同的，都是 6 分钟，但是其中 H 老师集中分享环节用时 5 分钟，甚至已经超过运动环节时长。

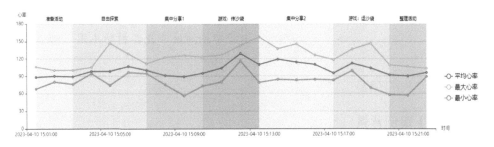

图 4-37　C 老师执教的"集体运动活动"可视化分析图

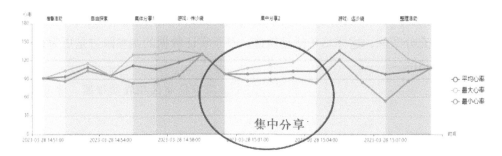

图 4-38 H 老师执教的"集体运动活动"可视化分析图

通过视频回看和实践现场的观察记录，大家还原出 H 老师交流分享环节的组织实施的具体行为，原来这 5 分钟，她在幼儿集中队列组织、动作的讲解和示范上均花费了大量时间，也就影响到了幼儿的有效运动。而且，从可视分析图可见，每次运动游戏时幼儿的活动负荷刚有提升，教师就组织集中交流分享，随即活动负荷明显下降。

于是，C 和 H 两位老师开始反思自己在集体运动中的教育行为。

（三）案例反思

同一个活动方案，经过不同老师的组织实施，所产生的幼儿运动心率存在着显著的差异。数据证实了，运动负荷不仅与运动方案的适宜性有关，更与老师的组织实施密切相关。可视化的数据给两位青年教师极大的触动，她们开始认真反思自己的教育行为，大家也一起帮助她们梳理在这个集体运动中的每一个环节以及操作细节，从提供的时间和心率数据中分析幼儿心率与运动密度、强度之间的关系。

智能运动手环赋能数据每天在说话，它促使我们每天都能从孩子的行为和行为结果来反思运动活动安排的合理性、组织实施的有效性，也给我们带来了深层的思考，促使教师发生教育行为的转变。

（上海市杨浦区市光二村幼儿园　俞　音）

二、热过头的热身

（一）案例背景

运动前简单、有效的热身活动能够激发幼儿参与运动的兴趣，提高注意力和专注力，不科学的热身活动则会让幼儿出现运动损伤。如何创建和设计简单有效的热身环节，一直是教师需要思考、解决的问题。信息化可穿戴设备（智能运动手环）的数据技术支持，让教师通过操作实践—复盘数据—反思调整—再操作实践—复盘数据的过程，科学调整热身活动环节中存在的问题：例如运动活动《小鸡快跑》中的热身"小鸡舞"中高强度的调整与设计。

（二）案例描述

曲速欢快、节奏强劲的热身背景音乐响起，教师与幼儿两手旋转，扭动身体，跑动着，不停地变换方向。动作幅度由小变大，速度越来越快，幼儿的脸上逐渐泛红，额头上已有汗珠沁出。4分钟后热身结束，幼儿有的喘着粗气，有的蹲下，有的直接坐下。在接下去的运动游戏环节中，幼儿跑动的密度明显降低，后来基本是以快走代替跑动了。

复盘热身时段的手环数据，可以看出在热身环节幼儿的心率急速上升，达到了148次/分左右。但在基本环节中，每个运动游戏里的幼儿心率都在逐步下降，没有出现明显的脉率高峰（图4-39）。

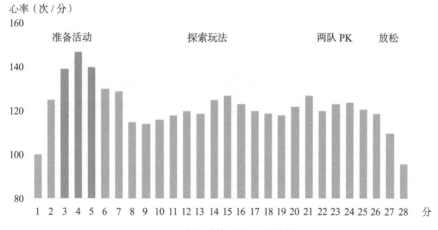

图4-39　《小鸡快跑》运动分析一

我们对于运动前热身活动通常理解为跑跳、出汗、拉伸，所以在"小鸡舞"里教师为了渲染气氛、激发幼儿参与活动的热情，设计了很多跑跳的、曲肘快速上下摆动的大幅度动作。采用了快节奏的音乐，明显加大了热身环节的运动强度。这样的热身动作设计虽然促进幼儿的运动神经兴奋，但高频率的重复动作，使热身活动热过了头，令幼儿过早出现疲劳的状态。

分析数据后，老师重新筛选热身活动"小鸡舞"的背景音乐，选择了节奏明快、速度中等的乐曲，将时间控制在3分钟以内（图4-40）。在动作的设计方面包含关节活动、肌肉延展性、心肺适应及神经兴奋等方面要素。

图4-40 《小鸡快跑》活动实景

将模仿小鸡扇动翅膀动作（手臂曲肘上下摆动）的速度由原先的一拍一次，延速到两拍一次，用两组曲肘抬腿的动作使身体核心收紧，达到身体预热的效果。然后进行动态拉伸，采用肩颈部位的抬肩缩放肌群模仿"小鸡出壳"的动作，练习四组，目的是打开关节活动度和增强肌肉延展性，一套动作重复两遍，使幼儿情绪达到激昂，起到微微冒汗的热身效果。

回看第二次幼儿热身时段的数据，班级幼儿的平均心率比起安静心率有所提高，形成一个小高峰，基本在120～130次/分，运动量适度，达到了热身的效果，为后续基本环节活动的开展打好基础（图4-41、4-42）。

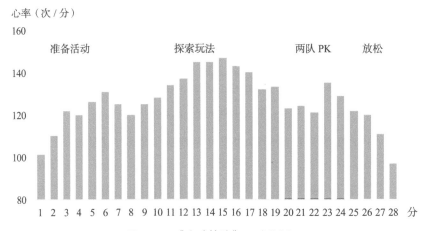

图4-41 《小鸡快跑》运动分析二

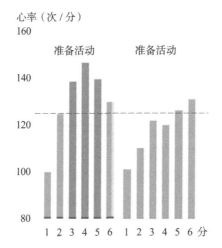

图 4-42 准备活动调整前后比较（注：---为中高强度线）

从数据上来看，幼儿热身阶段的脉率高峰与低峰离平均值距离均衡，说明这次热身活动中，幼儿在节奏简单有效的动作组合设计下，通过等长收缩练习、动态拉伸、有氧练习、静态拉伸、神经激活几个步骤，达到促进血液循环、加强肌肉力量、减少肌肉损伤、调节情绪状态的效果。

（三）案例反思

教师通过现场观察加数据分析，发现幼儿热身环节心率突然飙升，大幅度、快节奏的动作几遍反复下来，幼儿的心跳都在 148 次 / 分左右。作为运动的第一环节，幼儿脉率高峰就出现了，幼儿面色潮红，呼吸急促，神情疲劳或面色苍白，出汗量大，提早出现了疲劳状态，会影响基本环节的运动效果。科学分析热身环节中的幼儿心率与热身密度、强度之间的关系后，教师做了以下的调整：

1. 调整热身动作设置

通过数据反馈，现场复盘，发现热身动作的幅度、强度和密度与幼儿脉率的提升是密切相关的。调整动作设置，将快节奏、高密度的动作调整为由慢到快、由上到下、由整体到局部、由弱到强的动作设计，减少重复次数。避免热身环节运动量过大、脉率快速上升的问题，不让幼儿过早出现运动疲劳。

2. 调整热身动作节奏

从两次的数据对比中也可以看出，热身动作的节奏与速度可以有效控制幼儿的热身强度，例如把节奏激昂热烈的背景音乐，改为相对明快、活泼、具有情境性的乐曲，由原先的一拍一个动作延缓至两拍一个动作，既达到拉伸肌肉、活动关节的目的，也适当激发幼儿愉悦的运动情绪，避免过度引发兴奋。

3. 调整热身环节时长

热身运动的时长可依据季节、幼儿身体状况来调整。夏天容易流汗、疲劳，应适当缩短热身运动时间，冬天比较不容易让身体热起来，可适当延长热身时间。本案例中第一次的热身时长是夏季，又是快节奏、大幅度的4分多钟，根据幼儿的实际脉率数据及身体情况，属于过度热身了，所以应缩短热身时长至3分钟以内，达到幼儿微微出汗、情绪愉悦、脉率稍升的状态，为后续的运动环节做好准备。

综上所述，热身活动的效果受诸多因素影响，包括强度、持续时间及动作的复杂度等。手环数据让教师对幼儿热身状态有了量化的、可视的研判依据，从而科学解决热身中的问题，让热过头的热身环节变成有实效的热身活动。

（上海市杨浦区翔殷幼稚园　高汝瑾）

三、材料"做减法"，运动量"做加法"

（一）案例背景

空中4号场地的运动材料数量多、种类丰富。教师也普遍觉得运动材料越丰富越好，可以满足幼儿的运动需求，让各个运动基本动作都能让幼儿得到锻炼。但是，真的如此吗？中五班在空中4号场地运动的期间，数据呈现出了不一样的结果。

（二）案例描述

在空中4号场地，"滚筒"深受幼儿的喜爱，幼儿不仅能在玩滚筒时和同伴一起运动，也特别享受在滚筒里前行的愉悦（图4-43）。点点和可乐特别喜欢玩滚筒，几乎每天首选的材料就是滚筒。在玩滚筒时，我观察到他们的玩法为"一人在外推，一人在内滚"，主要锻炼平衡能力和上下肢的协调性。

调取了点点和可乐热衷于玩滚筒的这三天的平均心率，均超过120次/分，几乎达到中高强度运动。而同样这三天的班级平均心率，分别为109次/分（图4-44）、114次/分（图4-45）和108次/分（图4-46），可见班级整

图 4-43　幼儿利用滚筒运动场景

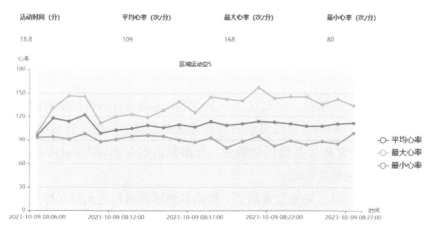

图 4-44　第一天班级平均心率变化图

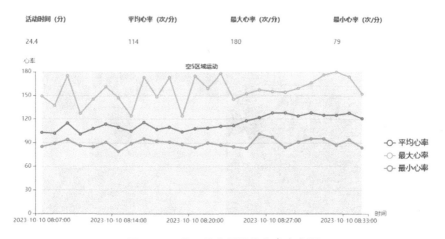

图 4-45　第二天班级平均心率变化图

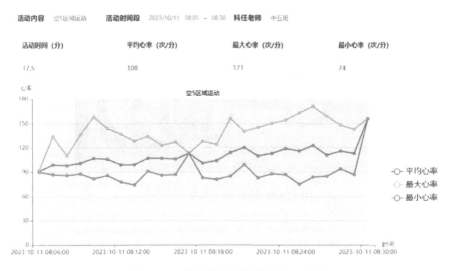

图 4-46　第三天班级平均心率变化图

体运动情况未达中高强度。经复盘，不少幼儿的运动进程易被玩滚筒的幼儿打断，滚筒这一材料的特点导致里面的幼儿无法看到前方的路，盲目前行，"横冲直撞"，滚筒经常横穿其他运动场地。且滚筒占地面积较大，4 个滚筒几乎占据了超过一半的运动场地。

在剔除滚筒之后，场地变宽敞了，留给其他运动材料更大的发挥空间。例如，敏捷梯可以两段拼一起，支持幼儿跳跃的距离更长（图 4-47）；幼儿玩"保护宝瓶"时，可移动的空间更大，运动进程也不会被中断（图 4-48）。调取剔除滚筒后一天的班级平均心率数据（图 4-49），为 122 次 / 分，足见材料调整后，有效地提高了幼儿的运动量。

图 4-47　敏捷梯拼接

图 4-48　"保护宝瓶"活动场景

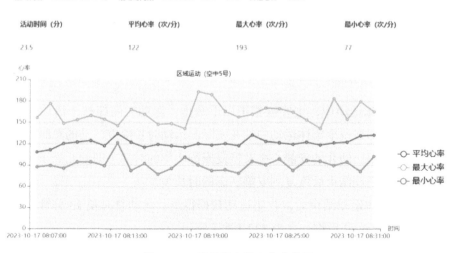

图 4-49 调整后班级心率变化图

虽然滚筒这一材料易激发中高强度运动，却在空中 5 号场地"水土不服"，影响了其他材料的使用。因此，教师对材料进行了调整，将滚筒迁移至更宽敞的空中 1 号场地，如此不仅能更大程度发挥其本身的价值，还能解空中 5 号场地的"燃眉之急"，使幼儿在使用其他运动材料时，达到中高强度运动水平。

（三）案例反思

运动数据让幼儿的运动量可视化，不仅能够帮助教师思考、验证策略的有效性，还颠覆了教师的传统观念。"剔除材料"这一做法，让教师们明白运动场地上的材料并非以数量和种类取胜，教师还需思考投放的材料与该场地的"适配度"。在运动实践过程中，教师可依靠数据赋能，动态调整场地的材料，让每个材料发挥其最大的作用，促进幼儿科学运动。

（上海市杨浦区翔殷幼稚园 黄一凡）

四、从"百变软棒"到"万能软垫"

（一）案例背景

中班集体运动《百变软棒》尝试利用软棒进行连续夹物跳，并在跳跃过程中灵活躲闪。让幼儿初步感受合作游戏的快乐。活动中，幼儿自由探索利用软棒让身体动起来的方法，分享双腿夹物跳的动作要领。利用"抢夺魔法棒"集体游戏，让幼儿使用夹物跳的动作参与游戏，掌握巩固双腿夹物跳的动作技能。

（二）案例描述

在这一集体运动中，主要收集了以下数据：运动时间即整个活动的总时长、运动密度即在一个集体运动中幼儿实际的运动时长除以活动的总时长、班级幼儿平均心率、幼儿的安静心率及恢复安静心率的时间（即幼儿处于安静状态的心率以及活动结束后恢复到安静状态的时长）。

在本次集体运动结束后，收集运动数据得出：运动总时长23分钟，运动密度为65.1%，幼儿平均心率为122.3次/分。

结合图4-50中幼儿运动数据，我们发现这一集体运动的运动密度尽管已经达到了65.1%，但幼儿平均心率仅为122.3次/分，运动量偏小，未能达到预期效果。

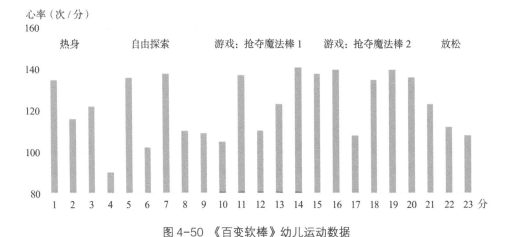

图4-50 《百变软棒》幼儿运动数据

通过图4-51所示的各类动作本身所具有的运动负荷，我们能够发现"跳"这个动作本身就已经具有较大的运动负荷。那么，到底是什么因素导致了孩子们在运动密度和动作本身运动负荷较大的情况下，运动量仍未达到中高强度运动量呢？我们通过对教学视频的复盘，寻找原因，调整教学策略。

1. 分析原因

不适宜的材料提供，阻碍了幼儿的动作发展以及幼儿动作完成的规范性。

	走	跑	跳	投	钻爬	滚	小器械
灵敏	小	大	大	中小	中大	中小	中小
速度	大	大	大	大	大	大	大
柔韧	小	大	大	中大	中大	中小	中小
耐力	大	大	大	大	大	大	大
力量	大	大	大	大	大	大	大

图 4-51 学前儿童健康学习与发展核心经验

在夹物跳的过程中，幼儿需要用双腿的力量夹住物体，摆动双手，带动身体一起往前跳。我们在观看视频的时候发现：当孩子们用软棒夹在双腿中间跳跃，主要会有以下两个问题：第一，孩子们会出现双手握住软棒、不摆动双手的现象，这影响了幼儿夹物跳的动作规范性；第二，夹软棒跳的时候，软棒尾端容易拖地，孩子们总是会去关注软棒，这影响了幼儿夹物跳的动作连贯性。

2. 调整策略

调整材料提供，让材料成为幼儿动作发展的好帮手，促进幼儿夹物跳的动作规范性。将原来使用的长度较长的软棒变为大小适中的方形软垫，这样幼儿在夹物跳的过程中就不会出现用手抓握以及软棒拖地的情况。在材料更换之后，先将新的材料投放到区域运动中，孩子们有了之前集体运动的经验，也会利用软垫进行夹物跳。但是在跳的过程中经常会发生软垫掉落的现象，通过观察发现一块软垫的厚度较薄，一开始孩子们的腿部力量没有办法长时间持续夹物跳。于是初尝试：用橡皮筋将两块软垫结合在一起，增加软垫的厚度，如此软垫就不太容易掉落。当孩子们腿部力量逐渐增强，掌握了双腿夹住软垫的方法，渐渐地也能成功夹住一块软垫连续跳跃参与游戏。

通过以上对材料的调整，在第二次集体运动后，收集到以下运动数据：运动时间：25 分钟；运动密度：65.4%；幼儿平均心率：132.1 次 / 分。

结合图 4-52 我们发现，经过对活动材料的设计与调整，孩子们在集体运动中的平均心率从调整前的 122.3 次 / 分提升到了 132.1 次 / 分，运动量明显提升，达到了预期的中高强度运动量，幼儿由此获得了更有效的锻炼。

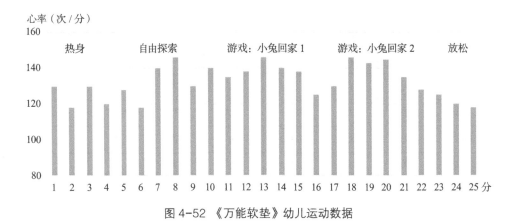

图 4-52 《万能软垫》幼儿运动数据

（三）案例反思

在这个案例中，我们意识到适宜的材料投放对于激发幼儿的运动兴趣至关重要。运动心率是最直观的指标，能够明确反映投放的材料是否适合。当孩子们对提供的运动材料感到兴奋和投入时，他们的心率自然会上升，体现出积极参与的状态。反之，如果材料不适合或者缺乏吸引力，孩子们的心率可能会保持在一个较低的水平，反映出他们的兴趣不高或者参与度不足。

为了确保材料的适宜性，我们需要在投放前进行充分的考虑和测试。首先要考虑的是材料的年龄适宜性，即材料应该符合幼儿的发展阶段和兴趣特点。例如，对于年龄较小的幼儿，我们可以提供色彩鲜艳、形状各异的软体球类，让他们在游戏中锻炼抓握和投掷能力；而对于年龄稍大的幼儿，则可以引入跳绳、平衡木等更具挑战性的材料，以满足他们日益增长的运动需求。其次，材料的多样性和趣味性也是至关重要的。单调乏味的材料很快会让孩子们失去兴趣，因此我们需要定期更新和补充材料，以保持运动区的吸引力。同时，我们还可以鼓励孩子参与到材料的制作和改造中来，这样不仅能激发他们的创造力，还能让他们对运动产生更多的兴趣和热情。最后，通过观察孩子们的运动心率，我们可以及时调整材料的投放策略。如果发现某个材料导致孩子们的心率普遍偏低，那么我们就需要考虑替换或者调整该材料，以激发孩子们的运动兴趣。同时，我们还可以通过心率数据来评估不同材料对孩子们运动能力的挑战程度，从而为他们提供更加个性化和科学化的运动指导。

综上所述，适宜的材料投放对于激发幼儿的运动兴趣至关重要。通过关注孩子们的运动心率，我们可以更加精准地了解他们的运动需求和兴趣点，从而为他们提供更加优质的运动体验。这不仅有助于促进孩子们的身体发展，还能为他们的健康成长奠定坚实的基础。

（上海市杨浦区翔殷幼稚园 顾燕婷）

五、从"运动"到"科学运动"

（一）案例背景

曾经我认为孩子在操场上玩得安全、开心就好，保证孩子不出安全事故就是成功。还记得教龄三年的我第一次开放集体运动时，拿到方案看了看活动名称，就直接开始备方案，只希望整节活动课能够顺利上完，孩子们没有突发情况就成功了。结果我很幸运，活动过程如期盼的那般顺利，没有突发情况。正当我暗自松了一口气、认为自己顺利过关时，老师们对我提出的几个问题把我一下子问懵了。

"你的这个活动的价值是什么？"

"发展了幼儿什么动作技能？"

"现阶段班级幼儿的发展水平适合上这个活动吗？"

对老师们的提问，我思来想去都答不出来，我开始思考这个问题，集体运动的价值在哪里呢？如果只是为了开心和安全，那和游戏又有什么区别呢？作为一名教师，我的价值又是什么呢？运动和游戏的区别是什么呢？带着问题，我参与了运动指导师的培训、课题研究活动、师徒带教活动等，每一次的理论知识和实践现场都带给我不小的冲击，同时我也在思考一些问题。

在观察幼儿方面，以往我只通过观察面色、呼吸、动作幅度等从外观了解幼儿运动情况，判断不准确，也忽视了幼儿的个体差异，而智能运动手环的出现可以使观察幼儿更加准确、全面。在评价教师组织与实施方面，过去我只关注安全和活动顺利，而通过看数据来评析和反思能够进行更全方位的评价，从而优化组织与实施。原来运动不是游戏，科学运动才是运动。

（二）案例描述

我开始通过数据看集体运动方案，在观摩集体运动《轮胎上的小机灵》时，通过手环数据的解读，发现大部分幼儿并没有达到中高强度的运动量。看起来幼儿都非常投入，活动密度也比较高，怎么最后会达不到中高强度的运动量呢？原来跟场地和天气有关，《轮胎上的小机灵》核心动作是平衡，本来运动量就比较小，再加上冬天和室内场地较小，最终导致这一结果。这一次的观摩也让我在设计集体运动方案时思考得更加全面，开始关注动作本身的运动量大小、场地带来的限制和天气的因素。

我开始通过数据看活动环节，在进行《趣味变向跑》二研时，我对一研的手环数据进行解读，发现在活动的基本环节本应呈高峰的数据却降了下来（图4-53），查看方案发现在进行变向跑练习和比赛时，大部分幼儿都在排队等待，造成了手环数据的下降。对此，我在进行二研之前，有意识地给班级幼儿丰富了鱼贯前进的经验，在活动中，我会走到排队区幼儿的身边告诉他们，可以在不影响前方幼儿的基础上，鱼贯前进，减少等待，或许正因为这样，我的《趣味变向跑》二研的手环数据中也没有出现心率骤降的情况（图4-54、图4-55）。

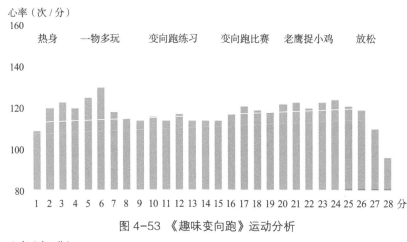

图4-53 《趣味变向跑》运动分析

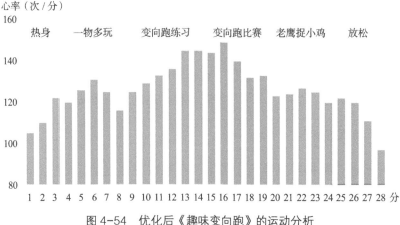

图4-54 优化后《趣味变向跑》的运动分析

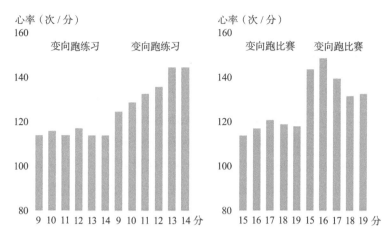

图 4-55　《趣味变向跑》"变向跑练习""变向跑比赛"运动分析调整前后对比

此外，我开始通过数据看幼儿，除了关注运动中是否有心率报警的幼儿、运动后恢复安静心率所需的时长，我还有意识地将幼儿手环实时数据投放在大屏幕上，引导幼儿关注自己、关注同伴，学着自我评价、自我管理。此外，我自己也把关注从单一的运动板块拓展到生活方面，比如幼儿情绪的变化、体质的不同对数据产生的影响。从短期的关注变为长期关注，比如班中的肥胖幼儿、营养不良幼儿、戴眼镜的幼儿在一段时间的变化。

我还开始通过数据看教师的组织与实施，我曾经组织幼儿开展了跨栏接力跑，自以为运动量肯定达标，但结果却不尽如人意。后来结合数据反思发现由于自己语言不精炼，导致大部分幼儿没有明白规则，造成等待，使得最后运动量不达标。

（三）案例反思

坚持科学运动。后来我开放了一节集体运动《小鸡快跑》，活动后还对老师们进行了说课和反思，活动的素材来源是幼儿在"守球门"游戏中动作的不协调和规则意识的缺失。同时我也翻阅了运动书、《指南》和运动 PCK（pedagogical content knowledge）中幼儿在"跑"这一动作的发展序列，结合本班幼儿的发展现状，组织这一节集体运动。

现在的我不再是"本本主义"，我会有目的性地观察幼儿、有选择性地组织运动游戏、科学地进行评价。我会继续坚持运动，坚持科学运动。

（上海市杨浦区翔殷幼稚园　屠怡雯）

六、"习以为常"的改变

（一）案例背景

随着几个幼儿在区域自主运动中玩"CS 对战"，越来越多的幼儿加入其中，连续三天热情不减。在运动故事交流分享中，孩子们你一言我一语激动地谈论着"CS 对战"，也互相质疑着游戏规则，纷争不断。为顺应幼儿的兴趣，满足他们的运动需求，我以"CS 对战"为主题设计了一个大班集体运动，通过在边跑动边用软球互掷对方的过程中发展幼儿移动投掷的基本动作，提高其身体协调能力。

（二）案例描述

经过热身、自由探索和结伴探索，进入了最后一个游戏"CS 对战"，激动紧张的时刻终于来到了，幼儿分成两队，边奔跑边用软球投掷击打对方，玩得不亦乐乎，游戏持续了 4 分钟，幼儿情绪高涨，大口喘气，呼吸急促，额头直冒汗，有的脸涨得通红，有的出现了咳嗽现象。经过 3 分钟的放松环节后游戏结束了。

查询数据（图 4-56），幼儿的平均心率为 145 次 / 分，活动密度为 63%，恢复安静心率所需时间 8 分钟，超过了适宜的恢复时长（5 分钟）。为什么运动量、运动密度都不错，但幼儿恢复安静心率的时间会那么长呢？进一步读取数据发现，运动的最高峰值心率 168 次 / 分出现在整个活动即将结束的前 3 分钟，放松活动中平均心率骤降至 112 次 / 分，这可能就是导致幼儿没有在适宜

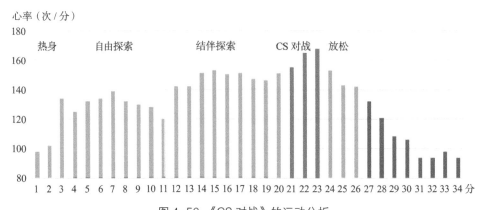

图 4-56 《CS 对战》的运动分析

的时间内恢复安静心率的主要原因。于是复盘活动过程，反思活动的设计与组织实施。我一直习惯于把"轰轰烈烈"的集体游戏放在活动的尾声，易在活动结束前产生较高的运动量，这对幼儿肌肉的放松、疲劳的消除，不是很有利。针对这一问题，我对活动结构进行了以下调整：

将"CS 对战"游戏分为两部分，"平原对战"和"树林对战"。"平原对战"游戏是在无障碍奔跑中对掷软球，运动量偏高；"树林对战"游戏是设置障碍，可边移动身体边躲藏边对掷软球，相对于"平原对战"运动量偏低。

将运动量大的"平原对战"游戏前置 5 分钟，适当缩短自由探索和结伴探索时间。将运动量偏小的"树林对战"游戏安排在基本环节的最后部分。

重新设计放松活动，更注重呼吸的调整、肌肉的伸展和拉伸，帮助幼儿随着柔和的音乐和教师的语言进行身心放松。

调整后再次开展集体运动"CS 对战"，数据显示，幼儿的平均心率为 147 次 / 分，活动密度为 65%，最高峰值 169 次 / 分出现在第 18 分钟"平原对战"时，之后缓慢下降，恢复安静心率时长 5 分钟（图 4-57）。这一结果表明运动量适宜，达到了预期的有效锻炼。

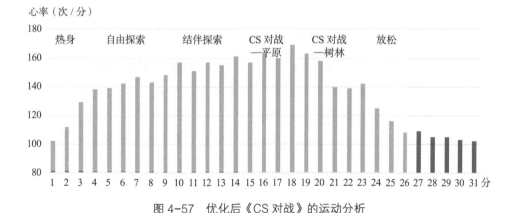

图 4-57　优化后《CS 对战》的运动分析

（三）案例反思

易被忽略的安静心率。判断运动量是否适宜，不仅要看幼儿在运动中的心率、运动密度，也要关注幼儿的安静心率以及恢复安静心率的时长。可视化的数据让我发现了幼儿恢复安静心率用了 8 分钟，说明幼儿承受的运动负荷偏大，由此追溯原因，调整活动结构，优化活动过程，使幼儿获得更安全有效的锻炼。

习以为常的游戏安排。把"轰轰烈烈"的运动游戏安排在活动尾声已成为大部分教师的惯常，运动分析图让我们看到整个活动的最高峰值出现在活动即将结束时，不利于幼儿身心放松。人体在进行运动的过程中肌体活动能力形成上升→稳定→下降的规律，在设计运动方案时，运动量也要遵循小→大→小的安排，做到循序渐进。我们需要适当控制最后一个运动游戏的运动强度，以适应人体生理机能活动变化规律，避免对幼儿的身体造成损伤。

值得重视的放松环节。数据不仅使我关注到中等强度运动的达成情况，也促使我更重视放松环节的精心设计。放松活动的目的是使幼儿从紧张的运动中尽快解除疲劳，降低大脑皮层的兴奋性，使肌体逐渐恢复到相对安静的状态。我们既要帮助幼儿进行肌体放松，也要进行心理放松；不仅要做伸展、拉伸等动作，更要关注呼吸的调节，针对基本环节的内容精心设计，帮助幼儿充分放松身心。

（上海市杨浦区翔殷幼稚园　陈笑颜）

七、快乐的"不倒翁"

（一）案例背景

《3—6岁儿童学习与发展指南》里关于健康领域的动作发展目标提到"具有一定的平衡能力，动作协调、灵敏"，钻爬是发展幼儿动作协调性和灵活性很好的活动，也是小班幼儿非常喜欢的运动方式。在区域自主运动中经过一段时间对幼儿的观察和互动，我们发现幼儿双膝着地爬行的动作协调性普遍较好，于是投放了平衡台，想看看小班幼儿在不稳定物体上的爬行情况和玩平衡台的不同方法。通过观察，小班幼儿非常喜欢平衡台，喜欢在上面跪着、坐着摇一摇，也喜欢把平衡台连成一排在上面爬行，50%的幼儿由于身体平衡能力欠缺，爬行时稳定性不够，爬行的速度也较慢。为了进一步积累幼儿在不稳定物体上爬行的运动经验，以平衡台为主要器材设计小班集体运动《快乐的不倒翁》，通过有趣的角色扮演和情境设置，让幼儿在平衡台上玩不倒翁的游戏，积累在不稳定物体上爬行的运动经验，发展小班幼儿的身体控制和平衡能力。

（二）案例描述

整个活动经历了准备活动、"快乐的不倒翁"自由探索、"不倒翁运粮食"集体游戏和放松活动，总时长17分钟，幼儿的平均心率在114次/分，活动密度为53%，恢复安静心率所需时间2分钟（图4-58）。这一结果提示此活动运动量偏小，未达到锻炼的最佳效果。

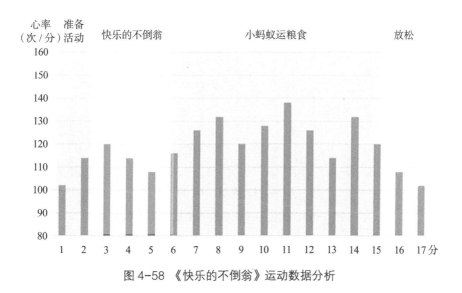

图4-58　《快乐的不倒翁》运动数据分析

1. 分析原因

第一，活动中主要练习的动作为坐在平衡台上坐摇、跪摇、爬等，这些动动的运动强度较小。

第二，给幼儿自由练习的时间较短，活动密度偏小。

2. 调整策略

第一，在活动中加入跑动练习，以增加运动强度。尤其要在最后的集体游戏"不倒翁运粮食"中设置一段距离，让幼儿在平衡台上爬行后跑步将"粮食"运入"家"中。

第二，加大动作练习密度，适当延长幼儿自由探索的时间，缩短集体交流分享时间。

第三，鼓励幼儿逐步加大在平衡台上的摇摆幅度和频率，提高运动强度。

调整后再次开展了集体运动《快乐的不倒翁》，数据显示，班级幼儿的平均心率为 131 次 / 分，活动密度为 63%，恢复安静心率时长为 4 分钟（图 4-59），运动量达到了理想的效果。

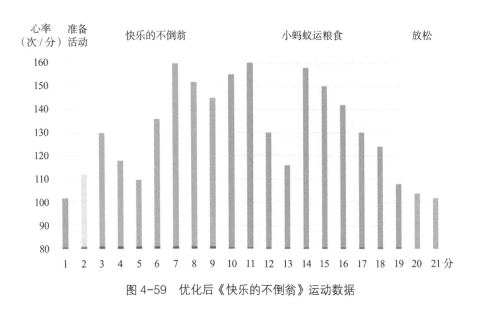

图 4-59　优化后《快乐的不倒翁》运动数据

（三）案例反思

对幼儿身体运动的强度和密度需要综合加以考虑，强度较大的运动，则运动密度可相应减小。反之，强度较小的运动，则运动密度可相应增大。爬这个动作相对运动强度较小，可以适当加大运动密度，但第一次的活动设计中忽略了这一点。调整时减少了教师与幼儿集体交流分享的次数，并严格控制分享时间，确保幼儿有更多的活动时间。

影响运动量大小的因素主要包括：数量、时间、强度、密度等。在设计集体运动时，可以通过严格控制活动次数、活动时间、活动强度和活动密度来达到适宜的运动量。所以，在对活动设计进行调整时，通过加入运动强度相对高的动作"跑"，加大动作幅度、加快动作频率来提高运动强度；通过增加幼儿实际玩平衡台的时间来加大运动密度。这样，根据小班幼儿的生理特点和运动能力来严格控制影响运动量大小的四因素，以支持幼儿达到中高强度运动量，获得有效的锻炼。

（上海市杨浦区翔殷幼稚园　吴晓青）

主体交融，激活家长与幼儿主动性

一、家园齐发力，打赢小胖墩卡路里之战

（一）案例背景

随着生活水平的提高，儿童肥胖问题日益严重。肥胖不仅影响儿童的身体健康，还可能导致其面临心理和社会适应方面的问题。因此，对丁肥胖儿童的干预措施显得尤为重要。

（二）案例描述

中班男孩小明（化名），由于家庭不良饮食习惯及缺乏运动，导致体重严重超标，在新生入园体检中被诊断为中重度肥胖。保健老师联合班主任，采取一系列措施对该儿童进行干预。

1. 建立个案持续关注

小明确诊为中重度肥胖后，保健室及时建立个案（图 4-60），发放《上海市托幼机构特殊儿童个案记录表》，了解幼儿家庭情况与饮食习惯，根据幼儿园观察情况建立《肥胖儿童个案计划》，每三个月进行体格检查记录并绘制《肥胖儿童营养评价图》，每阶段进行肥胖儿童阶段小结，每月两次记录其在园运动、睡眠、出勤等情况，完成《观察记录》，家园互通，确保干预的一致性、连贯性。

2. 信息化技术的支持

（1）实时看、实时调整

动态观察小明在园内的实时运动数据，如果显示当前为低强度运动、观察小明活动状态不积极，就提醒鼓励他玩起来，重新投入各类活动中，增加运动密度，提升运动强度。

（2）从"月度数据"中追踪发展态势

班主任老师和保健老师还会每月复盘，统计小明中高强度时长、户外活动时长数据（图 4-61）：本学期前 4 个月 50 天的有效运动数据中，小明达到

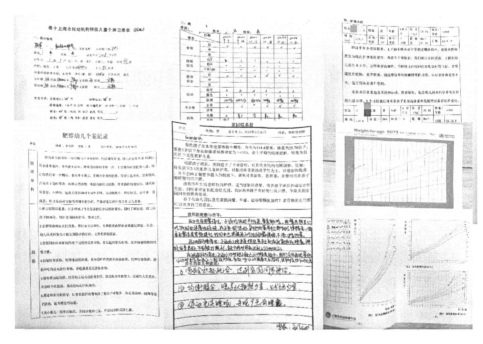

图 4-60 小明的个案记录

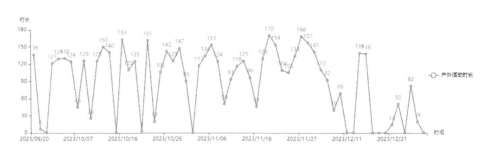

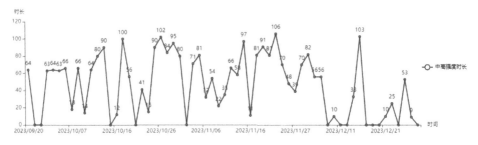

图 4-61 小明中高强度时长、户外活动时长数据

中高强度的有 27 天，占比 54%；户外活动时长达到 2 小时的有 28 天，占比 56%，均超过半数。从个人月度运动量和目标值（图 4-62）来看，小明中等强度运动量（黄色）占一半以上。

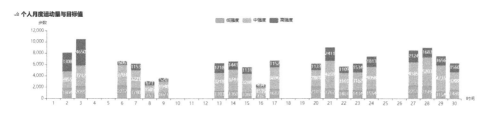

图 4-62　小明个人月度运动量和目标值

（3）前后的数据对比，发现变化趋势

比较前后 2 个月中某日的运动轨迹（图 4-63），幼儿户外运动轨迹较之前路线增多，说明小明的运动范围变大了，更愿意动起来了。比较一个月中每周平均运动量（图 4-64）中的平均步数（绿色折线）与消耗的卡路里（蓝色柱状）均呈上升趋势，说明小明的运动量也在变大，通过运动，身体"燃烧"更多的卡路里。比较一学期内前后不同月份中高强度时长（图 4-65、图 4-66），达到中高强度的天数增加，折线图呈现上升趋势，说明小明运动的耐力变得更好，能够坚持的时间更持久。

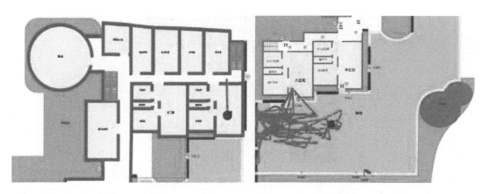

10 月某日运动轨迹　　　　　　　11 月某日运动轨迹

图 4-63　比较前后 2 个月中某日的运动轨迹

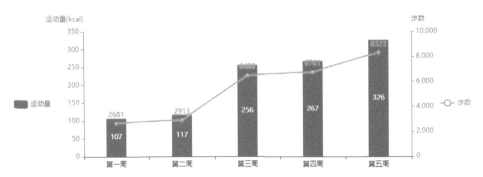

图 4-64　小明一个月中每周平均运动量

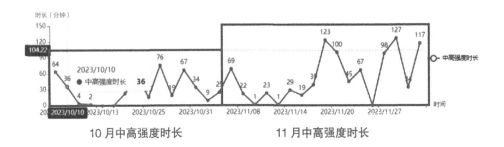

图 4-65　小明一学期内前后不同月份中高强度运动时长

小明月度中高强度平均时长	
月份	中高强度时长（分钟）
9	22.3
10	25.8
11	58.6
12	59.8
1	60.5

图 4-66　小明月度中高强度运动平均时长

3. 多方发力，增进互通

（1）保健老师

通过发放《家园联系册》，向家长反馈幼儿身高、体重、BMI 等健康数据的变化情况。保健老师结合生长数据和小明在园初期表现出的容易疲劳、玩了一会儿就满头大汗要休息等情况，提出保健指导，建议家长把锻炼纳入家庭生活计划中，同时增加运动环境的刺激，即把家中的运动器械（如跳绳、自行车等）放到孩子很容易就拿得到的地方。鼓励家长和孩子一同活动，可借助智能设备检测运动情况，还能增进亲子间的感情。

（2）班主任

在"教师的观察与指导"板块记录幼儿近期在园运动、饮食情况。老师让班里的"运动小能手"带领小明一起活动，并给小明提供更多运动的机会，使得小明运动积极性越发高涨。同时老师提供给家长许多"亲子运动锦囊"，建议家长利用双休日时间进行骑小车、跑步、跳绳、游泳等活动，减少小明静坐时间，保证运动量。

（3）保育员

在保健室组织的每学期"固定栏目""特殊儿童情况研讨会"上，保育员学习如何查看"翔殷幼稚园运动健康平台"上的幼儿实时运动数据，并通过案例分享，互相探讨肥胖儿、体弱儿等护理心得，比如针对小明这样运动时爱出汗的孩子，如何做好运动中的生活护理，从而提升保育的科学性。

（4）家长

通过"家长的意见和建议"板块反馈小明在家情况。家长发现和以前相比，现在小明运动积极性高涨，所以在休息时间为小明报了篮球班，期望通过促进身高增长，来降低肥胖程度。为了监测孩子的运动情况，家中为小明配备了小米手环，培养孩子每天锻炼的习惯，确保孩子居家期间的运动计划不受影响。

4. 饮食"加餐"不能少

除了日常的饮食调整和运动建议外，保健老师还为该儿童制定了个性化的加餐计划，针对小明胃口好的特点，先安排其喝一点素汤再用餐，同时提醒其细嚼慢咽。此外每周为肥胖儿童提供 3 次粗纤维且口味清淡的蔬菜，如烩黄瓜、冬瓜虾皮等，在保证其生长所需的营养的前提下，增加其饱腹感。

5. 小明的变化

首先，小明肉眼可见地长高了，从 2022 年 12 月到 2023 年 11 月，身高增长 7 cm，体重增长 3.3 kg，虽然评定依旧为肥胖，但体质指数 BMI 下降了0.2，曲线图呈现下降趋势。其次是习惯的改变，小明在运动中耐力增加且变得乐于挑战，他从运动平台上看到自己中高强度达标的数据后，红扑扑的小脸展露出无比的自豪。家长对此表示非常满意，并积极向老师分享了小明在家中的运动视频。

（三）案例反思

1. 科技手段的有效性

智能运动手环在本案中起到了关键作用，不仅为幼儿园提供了实时数据，还能将孩子在园的运动情况反馈给家长。这种科技手段加上大数据统计，为个性化干预提供了有力支持。

2. 家园共同配合、持续关注的重要性

肥胖儿童的干预是一个长期的过程，需要持续的关注和调整。本案中，保健老师、班主任和家长都表现出了十足的耐心和责任心，这对孩子的转变起到了关键作用。但在实际操作中可能会面临家长不配合、信息不一致等挑战。如何更有效地调动家长的参与度是一个值得进一步探讨的问题。

3. 展望未来

随着科技产品的发展，我们期望能多角度、更加精确地监测肥胖儿童的运动健康数据。若能够将运动消耗与饮食摄入两者相关联，无疑将为制定更加个性化的干预措施提供有力支持。同时，我们也期望将这些工具和方法普及到更多的幼儿园和家庭，让孩子得以受益。

（上海市杨浦区翔殷幼稚园　钟　珊）

二、"运动小达人"炼成记

（一）案例背景

喜宝是个运动能力较弱的孩子。平日里，家长"重知识，轻运动"，导致天生体质就较弱的喜宝始终无法摆脱"体弱儿"的帽子。

每到集体运动，喜宝总是兴致不高、不愿挑战；区域自主运动时，一踏上平衡木，双腿便不自觉地发抖。喜宝每天的运动量都处在班级平均以下，且大部分时间都处于低强度的运动状态。

老师尝试了各种方法，如：在区域运动中鼓励喜宝大胆往前冲；在下午的集体运动中特别关注，提升运动量，可是喜宝的"变化"却微乎其微。

此时，老师意识到仅凭在园时老师的支持远远不够，家园协同才能发挥最大功效。在对喜宝的运动能力进行了较为精准的"把脉"后，老师开始尝试向家长开具"运动处方"。

（二）案例描述

1. 理念协同

经过对喜宝一段时间的"观测"，老师将喜宝运动时的照片、视频等分享给喜宝妈妈，并利用到园、离园时间沟通喜宝每天的运动情况。

有一次，家长十分惊喜地跟老师分享周末带孩子去公园玩，看到"勇敢者道路"，孩子二话不说就上去了，跳上、跳下……"他现在胆子变得好大咯！"……在喜宝妈妈"手舞足蹈"的表达中可以看到家长的转变。老师由此开始思考如何让喜宝在家里也动起来，"运动处方单"（表4-5）应运而生。

表 4-5　"喜宝"运动处方单

时　　间	精 准 把 脉	推 荐 游 戏
运动处方 NO.1（9—10 月）	下肢力量、协调性	跳绳、飞毛腿
运动处方 NO.2（10—11 月）	上肢力量、协调性、平衡性	互投沙包、大力士
运动处方 NO.3（11—12 月）	四肢力量、协调性、敏捷性	猫捉老鼠、趣味排球赛

2. 方法协同

运动处方 NO.1（9—10 月）：针对喜宝下肢力量不足、协调性弱等问题，老师向家长推荐了几个能锻炼腿部力量、发展身体协调性的运动游戏，如：跳绳、飞毛腿等。这些游戏材料简单、难度适宜，喜宝非常喜欢。

喜宝妈妈每隔两三天就会将他在家跳绳的视频分享给老师。从中能发现喜宝的动作协调性越来越好，从一个也跳不了，到实现零的突破，再到越跳越熟练，开始能保持相对稳定的速度和节奏感。最后，出现了一个令所有人都意想不到的成绩——一分钟跳 40 个！

喜宝对自己跳绳的进步可骄傲了。每天区域运动中，他都要展示一番自己的跳绳"绝技"！从心率数据可见，喜宝在这段时间的运动量逐步提升（图4-67）。

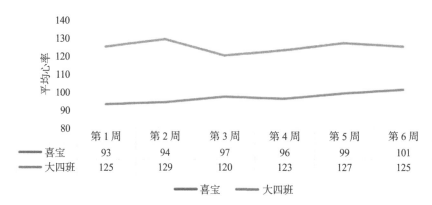

图 4-67　9—10 月区域运动中"喜宝"平均心率与班级对比图

运动处方 NO.2（10—11 月）：一个月后，喜宝有了巨大的"变化"，尽管心率稳步提升，但仍处于低强度状态，老师根据他近阶段的运动情况继续把脉，针对喜宝的上肢力量、协调性和平衡性等方面开具处方，又向家长推荐了"互投沙包""大力士"等游戏。

那段时间，老师发现尽管喜宝越来越喜欢运动，但运动量时高时低，上升趋势依旧缓慢（图 4-68）。据老师推测，投掷、悬垂等上肢动作确实不容易引发中高强度运动，因此出现数据浮动也正常。

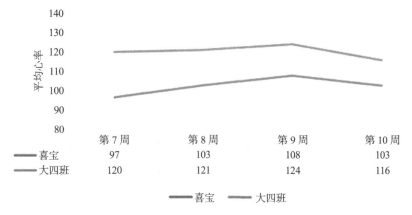

图 4-68　10—11 月区域运动中"喜宝"平均心率与班级对比图

有一天，在与喜宝妈妈的聊天中，老师得知，喜宝最近喜欢上了骑自行车，每天放学都会练习平衡车："他每次练完都喊饿，胃口都大开了！"家长惊喜于运动带给孩子的改变，对孩子摆脱"体弱儿"的帽子越发有信心了！

运动处方 NO.3（11—12 月）：又过了一个月，喜宝的四肢力量都有很明显的增强。现在，他走上平衡木再也不颤颤巍巍了，甚至能以较快的速度通过。他还更加"会玩"了，在木制组合上玩起了"跑酷"，有坡度、有速度，很刺激！从那几周的心率数据（图 4-69）可见，其运动量较之前有明显提升，越来越接近班级平均水平了。

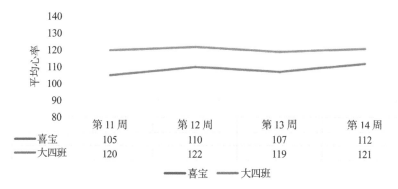

	第 11 周	第 12 周	第 13 周	第 14 周
喜宝	105	110	107	112
大四班	120	122	119	121

图 4-69　11—12 月区域运动中"喜宝"平均心率与班级对比图

老师将这一"好消息"再次反馈给家长，而改善体质更是一场"持久战"，于是，老师继续向喜宝妈妈推荐了"猫捉老鼠""趣味排球赛"等对四肢力量、身体协调性、敏捷性要求较高的游戏。

（三）案例思考

经历了 4 个月的运动处方调整，喜宝在区域运动中的平均心率总体呈上升趋势，和班级的平均心率逐步接近（图 4-70）。

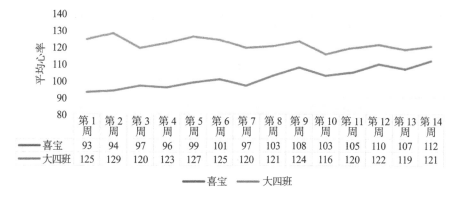

	第 1 周	第 2 周	第 3 周	第 4 周	第 5 周	第 6 周	第 7 周	第 8 周	第 9 周	第 10 周	第 11 周	第 12 周	第 13 周	第 14 周
喜宝	93	94	97	96	99	101	97	103	108	103	105	110	107	112
大四班	125	129	120	123	127	125	120	121	124	116	120	122	119	121

图 4-70　9—12 月区域运动中"喜宝"平均心率与班级对比图

就这样，在老师坚持不懈、循环往复地向家长开"运动处方"下，家园协同的功效得以显现！喜宝的运动兴趣、运动能力大大提升，食欲也增强了不少，身高、体重较之前，整体趋势是增长的。现在，他很骄傲地对大家说："我是运动小达人了！"

（上海市杨浦区翔殷幼稚园　胡梦瀛）

三、"运动日记"飘起来

（一）案例背景

"日记"就是每天的记录，记录运动内容对孩子来说既是一种回忆也是一种表征。老师鼓励幼儿通过绘画、讲述等方式表达自己每天的运动体验和感受，于是"运动日记"应运而生了。教师会通过一对一师生倾听，或是在小组、集体的交流讨论中分享幼儿的日记，让幼儿对运动有更多感性的体验和表达。

同时，幼儿也接触手环数据。在户外运动环境中，每个场地都配有移动大屏，一方面便于教师监测幼儿的运动数据，另一方面也支持幼儿关注自己的实时运动状态，通过运动数据引导幼儿关注自己的运动量，作为教师则"因势利导"。

（二）案例描述

慢慢地，幼儿开始在"运动日记"记录的过程中记下一些心率与曲线的变化（图4-71、图4-72）。幼儿开始理解数据图中的数字、曲线、波动代表什么含义。数字代表着平均心率，曲线代表着运动过程中心率随着运动强度的不断变化，心率高了就上升，心率低则下降，由此形成了心率波动。幼儿能够将曲线的波动与自己的外显反应联系起来。例如，当心率超过120次/分钟，就

图4-71　幼儿"运动日记"

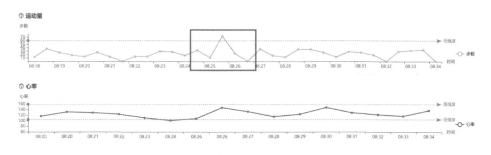

图4-72 "运动日记"对应的心率曲线

处于中高强度范围，这时出汗量也会更大，身体感觉更累。幼儿带着这些日记与数据回家和爸爸妈妈说，其实也在潜移默化中将科学运动的理念传递给家长。

教师从运动日记中发现幼儿的关注点与兴趣点，开展一些创意活动。例如，"看看哥哥老师的手环数据"，"老师们的运动计划"（图4-73、图4-74）等，支撑、帮助幼儿进一步梳理已有的数据经验。

图4-73 "看看哥哥老师的手环数据"

图4-74 "老师们的运动计划"

家庭对于运动的需求也能通过运动日记的"漂流"来传递。有幼儿的图画表征、有数据的记录、有口头的讲述，家长们对于幼儿在园运动情况有了直观了解，也逐渐建立起科学观测的理念，主动关注孩子在家的运动情况。在家庭中，幼儿也会用"日记"的方式，把自己的运动记录下来（图4-75、图4-76），带回幼儿园和同伴、老师分享，"运动日记"在家园之间真正"漂流"了起来。

图 4-75 在家中分享运动日记　　　　　图 4-76 在园内分享运动日记

（三）案例反思

在"运动日记""漂流"的过程中，我们看到，家园之间的互动更加积极、紧密。家长从不了解幼儿园智能运动手环，到通过数据重视幼儿在园运动情况，主动与教师交流沟通，到最后家园协同，助力幼儿运动发展。

运动日记，从幼儿园到家庭的单向"漂流"，慢慢演变成双向"漂流"，还渐渐出现了"家庭—家庭"的"漂流"，家长们会相约带着孩子们一起开展户外运动。"日记"将科学运动的理念真正带到了每一个家庭。

（上海市杨浦区翔殷幼稚园　陆思琪）

四、"研"途花开　家园协同

（一）案例背景

在户外两小时的实践优化中，基于对区域运动中的观察，老师发现大班幼儿在运动中的自我管理方面能力存在差异，他们普遍存在运动目的性不强、运动量不高、自我保护意识缺乏等问题。而在提升幼儿运动中自我管理能力的实施中，仅靠幼儿园一方的力量远远不能实现幼儿自我管理能力发展的最优化。

为此，大班组老师尝试携手家庭共同探讨专题"家园协同促进大班幼儿运动中自我管理能力提升的实践研究"，旨在通过数字赋能的家园协商性互动，转变家长理念，提高家长对幼儿自我管理的科学的指导能力，构建家庭参与幼儿园培养幼儿自我管理能力的有效途径。

（二）案例描述

1. 准备与计划

通过对文献的梳理，将研究中"运动中的自我管理"定义为幼儿有计划有目的、自主自愿地参与自身运动中的一切活动，掌握基本的自我管理能力，拥有基础的运动知识，关注自身的动作发展。

那幼儿和家长眼中的自我管理是什么呢？老师在第一阶段展开了调研。

首先，对大班幼儿进行了采访，了解幼儿真实想法及需求。在采访中发现：有95%的孩子能通过字面意思理解什么是自我管理，就是"自己管理自己"。就自我管理，他们说到了安全、保护、擦汗、脱衣等，还有管理情绪和管理自己的物品。另外，在"老师和家长能为你们做些什么"之类问题中，"保护"和"安全"也是孩子们反复提到的（图4-77）。

问题一：什么是自我管理？

问题二：那你觉得自我管理是谁来管？

问题三：在运动中，可以自我管理些什么？怎么管？

问题四：幼儿园运动的时候老师都是和你们在一起的，那老师可以做什么呢？

问题五：在家里爸爸妈妈也是和你们一起运动的，那爸爸妈妈可以做些什么？

图4-77　采访调研幼儿

其次，回收家长有效问卷共159份，针对"家长眼中的自我管理是什么"这个问题，经过统计分析获得词云图（图4-78）。图中字体越大的代表家长越关注的方面，有"增减衣物""喝水擦汗""安全意识""运动量"等。通过这份问卷，我们发现对于幼儿运动中的自我管理能力，家长的关注点与老师的日常观察是共通的，幼儿也是有发展需求的。

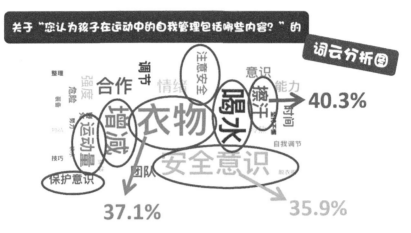

图 4-78 家长调研词云分析图

结合采访与问卷，老师把"运动中的自我管理"重点放在了"运动安全自我管理"上，其中包括幼儿在区域运动中对于运动前的准备，运动中的自我服务、安全规则、自我保护、调节运动量，以及运动后的整理等。

2. 宣传与支持

（1）宣传呼吁，家园手牵手

通过班级微信群、家长会、家委会会议等多种形式进行宣传，呼吁家长们的加入。通过园内活动中拍摄到的幼儿自我管理的照片、视频，并结合手环数据，让家长感受孩子们在园不一样的一面。通过理论专题讲座，逐步转变家长观念，让家长了解"自我管理能力"在幼儿发展中的重要作用，明确"自我管理能力"的培养在孩子终身发展中的重要价值。

（2）运动漂流，家园共分享

围绕"运动安全"自我管理，开展"家园运动漂流"活动。"运动漂流"就是家庭把园外的运动视频、照片"漂"给老师，老师把园内的运动视频、照片、数据"漂"给家庭，相互分享。

在活动初期，家长们多数以完成任务为目的，分享的运动视频数量较少、内容宽泛、质量不高。可见，家长对幼儿运动中自我管理的内容缺乏了解。于是老师发起"为你点赞"，挖掘孩子运动视频中关于幼儿"自我管理"的闪光点，和家长一同分享孩子们的运动数据，向家长传递理念和观察方向。

图 4-79～图 4-83 为 12 月底各班老师发现在园的周平均心率都较低的幼儿数据。

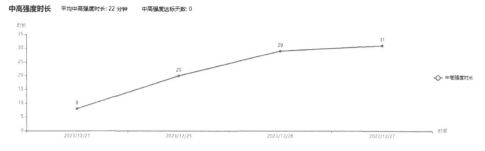

图 4-79 大一班幼儿小榴莲 12.21—12.27 中高强度运动时长数据

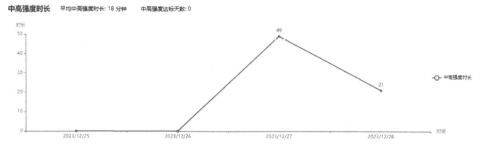

图 4-80 大二班幼儿小橙子 12.25—12.28 中高强度运动时长数据

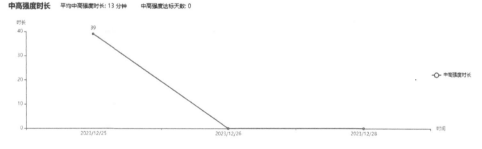

图 4-81 大三班幼儿哈维 12.25—12.28 中高强度运动时长数据

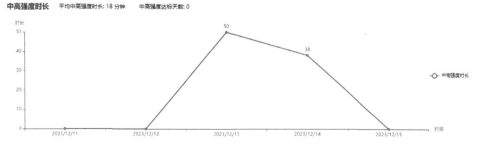

图 4-82 大四班幼儿阿昱 12.11—12.15 中高强度运动时长数据

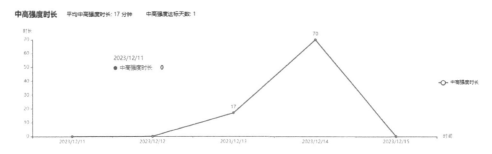

图 4-83　大五班幼儿锅贴 12.11—12.15 中高强度运动时长数据

在老师将园内的运动视频、运动数据与家长进行分享后，家长开始主动关注孩子在园内外的不同，有些家长还会主动与老师们反馈孩子园外的运动情况（图 4-84）。

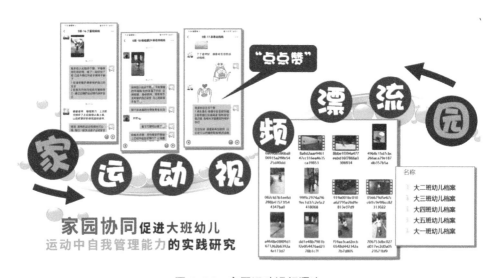

图 4-84　家园运动视频漂流

老师还为家长准备了"自我管理小贴士"，给予家长相应的建议，带着家长一起观察孩子、解读孩子，与孩子一起获得新知。在老师们的建议下，家长们积极配合，会在放学后带孩子到小花园进行户外活动，鼓励孩子积极运动，对园内的运动量进行补足。

通过一段时间的家园互通。幼儿运动兴趣提高了，园内园外运动状态也有所变化。如图 4-85～图 4-89，1.2—1.5 这一周中这些幼儿的平均中高强度运动时长及达标天数都有所增加。

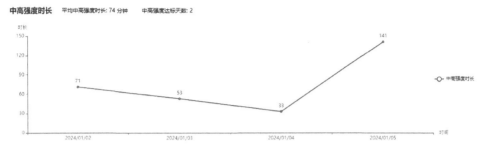

图 4-85 大一班幼儿小榴莲 1.2—1.5 中高强度运动时长数据

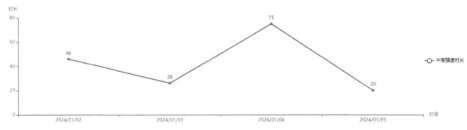

图 4-86 大二班幼儿小橙子 1.2—1.5 中高强度运动时长数据

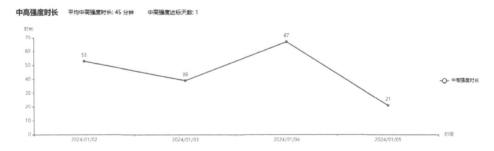

图 4-87 大三班幼儿哈维 1.2—1.5 中高强度运动时长数据

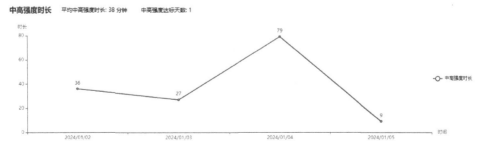

图 4-88 大四班幼儿阿昱 1.2—1.5 中高强度运动时长数据

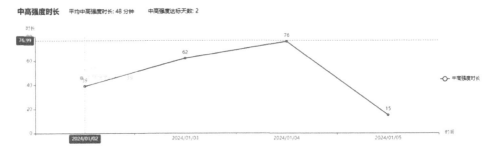

图 4-89　大五班幼儿锅贴 1.2—1.5 中高强度运动时长数据

可见，不仅家长对幼儿进行自我管理的指导很有必要，老师指导家长对幼儿自我管理进行科学观察引导也很有必要。

3. 深入与推进

（1）携手教研，家园同协商

每月一次，邀请各班不同的家长参与老师的实践研讨中。通过研讨，让家长进一步了解老师在幼儿园做了什么、家长在家能做什么、孩子在家园共育中的变化是什么。每一次，老师都会选择漂流来的精彩片段，通过观察解读、点赞悦纳、共同协商，围绕某一案例进行微格分析。在一次次实践中，老师协同促进了幼儿运动中自我管理的理念、内容和方法，并为后续家园协同实践提供指引（表 4-6）。

表 4-6　家园协同促进大班幼儿"运动安全自我管理"能力提升

家园协同促进大班幼儿"运动安全自我管理"能力提升		
协 同 理 念	协 同 内 容	协 同 方 法
• 幼小衔接是长期性的，不是一时的活动 • 家长退一退，等一等 • 发展目标：培养具有服务、自我保护等基本生活能力的孩子，能主动表达自己的需求和想法 • 预防比保护更重要 • 尊重规律，悦纳差异发展 • 相信孩子，潜移默化	• 运动情绪 运动前： • 热身 • 戴护具（自我保护） 运动中： • 看手环数据 • 预判 • 主动脱衣、擦汗（自我服务） 运动后： • 放松	• 运动知识积累法 • 约定规则法 • 排除隐患法 • 宣讲内化法

（2）走进现场，家园齐开放

在视频漂流活动开展一段时间后，家长已经对自我管理的内容、观察方向有了一定的了解。于是园方邀请家长走进校园，看看孩子们在园运动中最真实的样子。老师设计了家长观察记录表，让家长通过观察记录更直观地了解孩子现状，巩固对自我管理的观察内容的了解。同时，也尝试让幼儿用图画表征进行自我评价，通过评价激励幼儿在自我管理方面形成习惯的内驱力。最后，通过孩子间的交流分享，鼓励幼儿反思自己在运动评价中的强弱项，并定下跟进的具体策略。

（三）案例思考

经过一学期实践—研讨—实践，幼儿、家长和老师之间紧密度更高了，家园共育也不再是简单的日常沟通。在围绕家园协同促进大班幼儿运动中自我管理能力的实践研究中，老师将"家园协同"一点点推进，将家长引进来，从想看数据到会看数据，有以下收获：

第一，多形式宣传，转变家长观念，化被动为主动；

第二，多渠道培养家长指导幼儿自主管理能力的意识；

第三，多样化建构家庭参与幼儿园活动的有效途径；

第四，多平台开放，鼓励家长、引导家长，与幼儿园建立真正的平等合作关系。

同时，在园内的实践中，园方还开展了安全宣讲员、小小安全员、谁是运动小达人等一系列活动。如何把这些活动延续到家中，获得 1+1>2 的效果，则是后续要重点推进的。

（上海市杨浦区翔殷幼稚园　丁　琳）

五、绳子本领大

（一）案例背景

12 月 5 日至 12 月 15 日，中五班在空中 4 号场地开展区域运动。该场地的运动材料有跳袋、绳子、泡沫垫、软棒等。其中，绳子是幼儿非常感兴趣的运动材料，几乎每天都有幼儿使用绳子开展运动。"绳子"也是常见的民间运动材料，其玩法也是多样的。

（二）案例描述

前4天，中五班幼儿的区域运动平均心率分别为106次／分、111次／分、108次／分和105次／分（图4-90），均未达到中高强度运动水平。

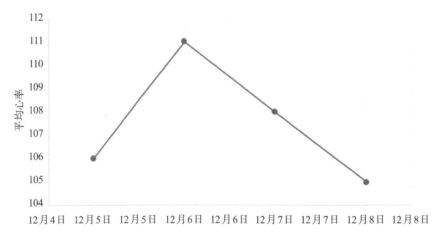

图 4-90　中五班幼儿的区域运动平均心率

从数据上发现问题后，老师立刻回看区域运动的视频进行复盘，发现了问题：

幼儿区分不了游戏和运动的边界。不少幼儿把许多根绳子放在场地上玩起了"煮面条"的游戏，可以看出他们游戏经验丰富，但运动经验不足。虽然绳子每天都是"热门"材料，不少幼儿用到绳子开展运动，但他们中的大多数并未持久使用绳子运动，多数是摆弄几分钟，便放了回去。本着"幼儿发展优先"的理念，老师对孩子进行了询问，了解到多数幼儿不知道绳子怎么玩，才匆匆结束了使用。

基于上述情况，老师尝试通过集体运动来丰富"绳子"的玩法。在12月13日（第7天）下午，组织了一节集体运动《有趣的绳子》，鼓励幼儿充分探索绳子的各种玩法。在集体运动过程中，有的幼儿将绳子间隔摆放后，用"助跑跨跳"的方式通过；有的幼儿在绳子之间双手撑地板，翻越过绳子；有的幼儿和同伴合作，两人拉住绳子的两端，一人根据绳子高度跳过或钻过绳子……之后，老师调取集体运动《有趣的绳子》的班级平均心率，为123次／分（图4-91），不仅补足了上午的运动量，也丰富了绳子的玩法。

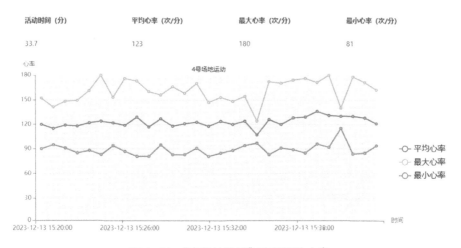

图 4-91 《有趣的绳子》班级平均心率

　　在 12 月 14 日（第 8 天）的区域运动中，绳子成了"热门"运动材料，许多幼儿选择绳子开展运动，玩法也多样，比如两名幼儿拉住绳子两端，其余幼儿跳跃过绳子；有的幼儿尝试跳绳；有的幼儿将绳子间隔摆放后，开始"小猴爬"；还有的幼儿助跑跨跳过间隔摆放的绳子……（图 4-92～图 4-95）

图 4-92 《有趣的绳子》活动场景一

图 4-93 《有趣的绳子》活动场景二

图 4-94 《有趣的绳子》活动场景三

图 4-95 《有趣的绳子》活动场景四

老师调取了 12 月 14 日中五班区域运动的平均心率图，班级平均心率为 115 次 / 分（图 4-96），远高于前四日。

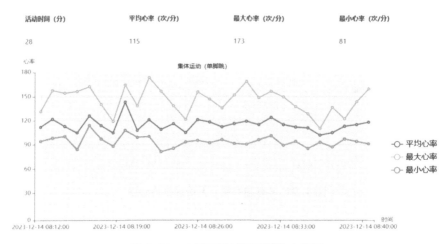

图 4-96　中五班区域运动平均心率图

此外，老师还调取区域自主运动中长时间玩绳子的幼儿的个体运动数据，八喜、小一和诺诺在 12 月 14 日的区域运动心率情况（图 4-97），可见一共同点，即都有较长区间内的心率分布于中高强度段。幼儿将集体运动中收获的经验迁移至第二天区域运动中，由此也说明集体运动《有趣的绳子》有效实现了区域运动与集体运动的"互促互进"作用。

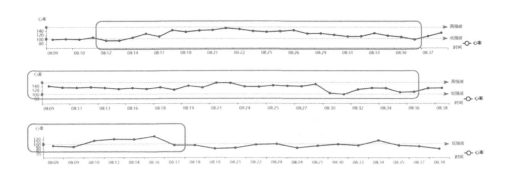

图 4-97　八喜、小一和诺诺 12 月 14 日的区域运动心率情况

（三）案例反思

数据赋能帮助教师动态调整集体运动的活动内容，实现与区域运动的"互

促互进"。通过对班级平均心率的调取和运动情况的复盘，基于幼儿的材料运动经验不足的情况，教师灵活地对集体运动内容进行调整，实现集体运动与区域自主运动的"互促互进"：

第一，教师看到了"互促互进"，其表现在幼儿运动中玩法的多样、运动经验的丰富，甚至是将一种材料的玩法经验迁移运用到更多的材料使用中。在此过程中，幼儿的运动量都能够得到提升。

第二，教师不仅仅着眼于一天内集体运动与区域自主运动的"互促互进"，还要关注长程的循环，例如通过向家长提供"运动处方"，来弥补幼儿在园缺失的运动量，再通过家庭的参与提高幼儿运动的能力，使得幼儿在区域自主运动中提升运动量。

教师相信幼儿是天生的运动家，也因为方方面面的"互促互进"，教师得以在区域自主运动中更多放手，让孩子自己去探索。

（上海市杨浦区翔殷幼稚园　黄一凡）

六、自我认识，从看数据开始

（一）案例背景

10月，大一班来到了 5 号场地，主材料是木制组合，有 A 字架、木板、木梯若干，辅助材料有塑料桶、垫子、轮胎等（图 4-98）。区域运动中，老师

● 场地：5 号场地　　主要材料：木质组合

滚筒　　　　　　　　紫色垫子、迷彩垫、绿色垫子、沙袋

图 4-98　5 号场地材料概览

观察到孩子们对木制组合很感兴趣。但通过对数据的观测发现：这个场地由于受到木制组合材料特殊性的限制，大多是以发展平衡动作为主，运动量始终偏低，班级平均心率一直在 100～110 次 / 分。

（二）案例描述

1. 开启"运动计划"

10 月 16 日至 10 月 19 日这一周，是大一班孩子刚到新场地的第一周。在 30 分钟的区域运动里，孩子们一起搬运材料、合作搭建。有的把木板架在 A 字架上走平衡木，有的用垫子进行助跑跨跳……

通过数据发现这一周区域运动中，幼儿的平均心率比较低，在"三位一体"利用视频对现场进行回顾和复盘后发现：孩子们本周每天在搭建上平均需要 16 分钟，占了很大一部分运动时间，导致实际运动时间变短，运动密度偏低，平均心率也偏低（表 4-7）。

于是老师开始启动"运动计划"！

表 4-7　第一周区域运动总结

日　期	10.17	10.18	10.19
平均心率	107	106	112
日　期	10.17	10.18	10.19
搭建时长	17	16	17

2. 关注数据、关注自我

图 4-99　幼儿讨论场景

"快来跟我一起做计划吧！"

"我们今天用木板搭两层高的跨栏架玩助跑跨跳吧。"

"我们可以先去走一走平衡木，再去助跑跨跳，累了再去走一走平衡木。"（图 4-99）

10 月 25 日一大早，孩子们早早来园，开始制作小组计划书，计划材料、玩法、分工等。通过数据的观测，发现这周搭建的用时缩短了，每天平均用时变为 9 分钟。同时，幼儿第二周的平均心率略有上升，但上下略有波动（表 4-8）。

表 4-8 第二周区域运动心率记录表

10.24	10.25	10.26	10.27	10.30	10.31
/	118	/	123	118	/

还有人开始关注自己和同伴，对数据也产生一定的好奇。

"丁丁老师，我的小心脏快要跳出来了，你能帮我看下我现在心跳是多少吗？"

"为什么你的小脸通通红，我却没有呢？"……（图 4-100）

3. 一起看数据

孩子们有了困惑与好奇，于是老师在场地上投放了移动大屏。

图 4-100 幼儿互助测量心跳

琦琦来到场地上的移动大屏前，找到自己的名字，手指指着自己的数据，兴奋地说："你看你看，我现在心率 147！我要再去跑一跑！"……孩子们争着抢着讨论着，比比谁的心跳快，看看谁的运动强度高。他们对自己的数据特别感兴趣，想要和同伴比一比，想要知道自己今天的运动量如何。

此外，老师还利用点心后的自由活动时间以及午饭后这两个时间段一起关注数据情况。

【9 点】运动后吃完点心（图 4-101）：

"我今天有 66 分钟，运动量很大哦！看看还有谁比我高。"

"我今天运动中的中高强度怎么只有 28 分钟呢？我明天一定要多跑起来。"

孩子们在看一看、比一比后决定：在 60 分钟的区域运动中，如果中高强度时长达到了 40 分钟以上，就说明"今天我很棒，我的运动量真大"。

【11:30】午餐后：

大家一起围着大屏幕寻找自己的区域运动幼儿心率折线图（图 4-102）。

"我今天只有 3 个小山坡超过了橘色的线。"

图 4-101 上午班内幼儿运动记录一览

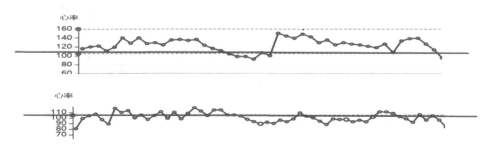

图 4-102 幼儿心率折线变化图

"我今天的小山坡很长，这时候我可能一直在跑！"

"我今天小山坡有点低，明天我要多试一些运动量高的玩法，让小山坡超过橘色的线。"

......

孩子们在折线图上找到自己的平均心率线（绿线）以及中高强度线（橘线）。通过看超过中高强度线峰值的数量、持续时长来初步判断当日运动量情况。

（三）案例反思

1. 理念——从相信到看见

幼儿通过在运动中、运动后关注自己区域运动中的心率数据，来了解自己的运动情况。从积累运动经验，到对数据和自身运动强度之间建立联系，还能通过身体的感受有意识地主动调整运动量。通过让数据说话的形式，幼儿将他们生活中可见可感知的现象，以及一些生活经验联系起来，尝试关注自己，认识自己，进而尝试自我评价和自我管理。

例如，通过每日区域运动折线图，老师发现了几个孩子最近运动中时不时处于爆表状态，也就是超出运动量了，就问道："你知道吗？你的身体有什么感觉吗？"幼儿答道："我感觉头上出了很多汗，跑的时候我张大嘴巴在喘气，我发现好朋友也是这样。"其实，到了这样的状态时，就是超出运动量了，要休息了。可是，也有的孩子发现自己并不怎么出汗，却还是数据爆表，而他的描述是"感觉我的心脏快要跳出来了，我要换个运动量低的玩一会儿"。在观测和比较中，孩子们发现，原来每个人都是不一样的，他们关注自己，也在了解别人。

2. 实践——从看见到支持

在实践中，教师基于幼儿的需求，摸索支持他们开展自我管理的各种方法。首先是物质条件——移动大屏。移动大屏的使用能让教师实时关注幼儿运动情况，也满足了幼儿对自身数据的好奇及关注。其次是时间——要提供充分了解的时间和机会。从运动中对数据的关注，到运动后及午饭后，充分给予幼儿观察数据、比较数据的时间和机会，更有利于幼儿对自身运动的自我评价和自我管理。最后是场域——从小组计划变为集体计划。制作场地地图，在地图上幼儿可以快速组队，思考运动材料和玩法。把计划投放在现场，极大地减少了搭建的时间，也更便于幼儿将经验相互联系。

幼儿在运动中自我认识、自我评价、自我管理，让该场地的玩法在速度、高度、难度上都有所调整，班级的平均心率的曲线也在发生变化（图4-103，表4-9）。

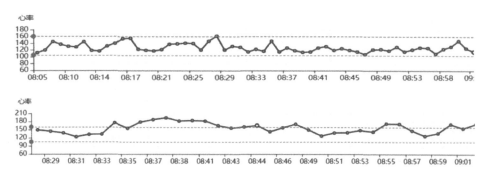

图 4-103 调整后班级平均心率变化

表 4-9　调整后一周区域活动班级心率记录

	11.6	11.7	11.8	11.9	11.13	11.14	11.16
平均心率	114	101	107	129	140	124	131
最高心率	161	162	168	159	149	166	178

（上海市杨浦区翔殷幼稚园　丁　琳）

5

统筹贯通齐推进

在教育数字化的趋势之下，翔殷幼稚园始终坚持以教师专业发展为幼儿健康成长保驾护航，支持运动特色活动开展，培养园所教师的数字素养，提升数字技能，同时贴合现实需求，根据教研科训一体机制，在实践中奠定坚实的专业基础，创新教师队伍建设。家园之间的合作指导在最新的《家庭教育促进法》中已有明确规定，翔殷幼稚园作为示范园，积极响应，结合智能运动手环辅助家园沟通，加强家园联系，做到运动特色活动的持续性、一贯性，在科技的支持下，使得家园合作更加便捷、高效、透明以及利用环链浸润式育人制度，加强家园社的联结，合理推进教育的一致化。在园务管理方面，坚守园本文化创生管理文化，做好顶层设计的统筹规划，数字赋能管理，提高管理能效，为运动特色活动做好机制及后勤保障。

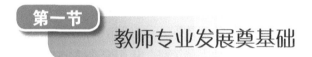

第一节　教师专业发展奠基础

一、数字素养技能，教师立身之本

教育数字化离不开人的作用，尤其是教师的作用。这里的教师不是传统的教师，而是具备数字素养，具有人机互动、人机协同能力的教师。促进幼儿园教师专业发展是提升学前教育质量的重要途径，信息素养作为当代幼儿园教师素养的重要组成部分，它的发展有助于教师形成新的思维方式，帮助教师不断优化教育教学过程。随着人工智能时代的来临，幼儿园教师信息素养的内涵及其培养路径又发生了很大的改变，人工智能与幼儿园教师专业发展的深度融合已经成为从整体上推进教师理念和教育样态变革的必然手段。教育部于2018年发布的《教育信息化2.0行动计划》提出启动"人工智能＋教师队伍建设行动"，强调大力提升教师信息素养，构建以校为本、基于课堂、应用驱动、注重创新、精准测评的教师信息素养发展新机制。人工智能时代给学前教育改革与发展带来了新机遇和新挑战，幼儿园教师必须主动适应人工智能、大数据等新兴信息技术的变革，从提升信息技术应用能力向全面提升信息素养转变，从融合应用向创新发展转变，以信息素养提升为突破口，全面提升自身的综合专业素质。

抓住区域教育信息化应用标杆校建设的有利时机，我们依赖于园所主导的课题《新技术支持下的幼儿园运动科学性检测分析与研究》的实际研究进展，数字驱动幼儿体育运动的科学实施。我们特别强调教师使用智能可穿戴设备（即智能运动手环）来收集和分析幼儿的运动生理数据，并在这些数据的驱动下，进一步提升科学实施幼儿运动活动的能力，以促进幼儿的健康成长。基于大数据分析技术构建出一个能够实时监控并记录幼儿运动过程中各种信息的系统平台，为一线幼儿教师提供一种全新的科学决策工具。得益于"翔殷幼稚园运动健康平台"的建设和支持，教师们能够通过数据赋能的方式，对幼儿在运动过程中的心率、卡路里消耗、活动路径、运动强度和运动密度等多方面的生理数据进行有效采集，并将这些生理数据转化为相应的信息进行可视化展示。此外，利用数据驱动技术，我们可以分析幼儿的运动时长、心率、运动密度以及运动后恢复安静心率的时间等关键数据，这有助于评估幼儿的运动量是否合适，并为教师提供科学的幼儿运动支持策略，从而推动幼儿的科学运动。

当所有教师参与"数据支持下的评价工具应用"的培训时，教师在信息化方面的能力逐步从"技术素养、应用素养"转变为"数据素养、信息素养"，这表明他们基于数据来科学实施幼儿运动的能力有了明显提升。

二、贴合实际需求，师资队伍建设

随着信息技术的发展，教育领域也越来越重视数据的应用。然而，教师对于数据的收集和应用能力相对较弱，教师的信息素养还不足以有力支持融合信息技术的教与学方式的转型，大多数教师还不具备在常态应用下形成能聚焦各种不同信息技术应用场景的一日活动组织实施以及在不同技术环境水平下进行教学创新的能力，融合信息技术的教学应用能力亟待提升。由此，园方要优化队伍结构，建设一支具有良好师德和专业实践、研究能力，梯次清晰的教师队伍，形成一批以区级学科带头人、骨干教师领衔的教学骨干；贯彻"乐和"精神，构建一支"乐业有爱、乐学钻研、乐行实践、乐合共融"的活力型教师队伍。

随着信息技术应用能力提升工程 2.0 的提出，3×3 培养机制也应运而生。

考虑到园所的信息技术环境和教师的实际需求，我们选择了"提高教师在幼儿园日常活动中整合信息技术进行组织和实施的能力"作为研修的核心主题。我们围绕如何支持园所教师将信息技术融入教学的常态化应用，从培训内容、相关维度、微观能力、实施部分到研修路径等多个方面进行了深入推进，旨在全方位提高教师的信息技术能力。教师巧妙地将培训内容与日常活动融为一体，将信息技术融入日常活动的每一个环节中，包括游戏、运动、学习、生活的衔接等方面。同时也提高了教师对幼儿教育信息化发展规律认识程度以及对新时期学前教育发展趋势的把握能力，促进了幼教工作水平的不断提升。AR 技术和希沃白板应用等先进的信息技术在教育和教学、班级环境设计、幼儿的观察和评估、线上线下家园共育等多个方面都得到了广泛应用。教师在组织和实施融合信息技术的一日活动方面的能力有了显著提升。

教师们每周使用希沃白板应用和课程通等工具进行信息化教学的频率已有增加，达到每周 1～2 次；通过微课视频制作和翻转课堂实践，达到每天一节课的效果。AR 项目的团队在总结了实践经验后，以《AR 技术在大班幼儿操节中的应用研究》为主题，组织了上海市青年教师课题项目的申请；同时还组织编写了幼儿园园本教材《幼儿智能发展与游戏活动》。在总结阶段，整个园区的 34 名教师都参与了"翔殷幼稚园信息技术杯赛"，并且参加了项目组的展示和交流。园所牢牢把握信息技术与教育教学融合创新发展这一要义，将信息技术与幼儿园一日活动组织实施紧密联系，以"提升教师融合信息技术的一日活动组织实施"为培训主题，以信息技术与幼儿园教育教学融合创新发展为目的，促进教师能力的提升。在培训主题、培训内容确定后，我们分析多媒体教学应用项目（AR 项目、智能笔、希沃白板应用）、幼儿智慧运动空间项目（运动数据采集解读、基于运动数据的教师支持）、幼小衔接评价项目（幼儿行为观察指引）、立体交互式自主研修项目（喀秋莎等）所涉及的能力维度和微能力。最终确定学情分析、教学设计、学法指导、学业评价四个维度下的 11个微能力，具体分布见以下"整校推进"一览表（表 5-1）。

三、教科研训一体，教育创新发展

教育数字化战略是教育创新的抓手，是教育创新发展的时代要求。如何促进教师数字素养提升？如何推动教师成为教育变革的主力？回答这一系列问题

表 5-1　翔殷幼稚园教师信息技术应用能力提升工程 2.0 "整校推进" 一览表

培训主题：提升教师融合信息技术的一日活动组织实施的研究

	融合信息技术的教学应用		数据支持下的评价工具应用		教师自主拓展的学习环境	
培训内容	多媒体教学应用项目　希沃白板应用	AR 项目　智能笔	幼儿智慧运动空间项目　运动数据采集解读	基于运动数据的教师支持	立体交互式自主研修项目　喀秋莎 Goldwave 等	幼小衔接评价项目　幼儿行为观察指引
相关维度	教学设计　学法指导	学法指导	学情分析　学业评价	学法指导	学法指导	学业评价
微能力	A3 演示文稿设计与制作　A6 技术支持的课堂讲授	B4 技术支持的发现与解决问题　C4 支持学生创造性学习与表达	A1 技术支持的学情分析　A12 评价数据的伴随性采集　A13 数据可视化呈现与解读	C5 技术数据的个别化指导	A5 技术支持的课堂带入　A6 技术支持的课堂讲授　B7 家校交流与合作	B10 档案袋评价
实施板块	集体学习　生活活动	班级环境　个别化学习　游戏活动	运动	运动	视具体情况定内容	一日活动
组织方式	教研组	项目组	教研组	教研组	教师自主结对	大班教研组
学习方式	必修	选修	必修	必修	选修	必修

已迫在眉睫。教育科研、教学研究和教师培训虽然有着各自的任务和功能，但它们又有着内在的逻辑关系，有着共同的价值追求，有着共同的作用主体，应该是彼此融合的整体。但是在实践中，三者的紧密度依然不够，还未形成最大合力。

因此，翔殷幼稚园基于本园实际，加强对"教科研训"一体化机制的探索和实践，三个部门同步展开、协同研究、整体联动，实现真正意义上的教育科研、教学研究和教师培训的互为一体，形成常态的推进机制。推进教育资源的集约化、教育效能的最大化、教师专业发展的区域化，为翔殷幼稚园教育的高质量发展提供有力保障和不竭动力。整合科研部门、教研部门、教师培训部门等功能和资源，探寻其一体化运行的机制、过程和策略，旨在推动教育科研、教学研究、教师培训的同步、融合式发展，推动教研活动的深入开展，加强科研成果的应用与转化，进而促进教师的专业成长，最终提升幼儿园的教育质量。

依托 3×3 教师培养机制，在实施过程中，除了采用线上线下相结合、研训一体化等研修形式，根据不同群体、不同活动内容，我们形成了以项目组、教研组、教师个体结对为组织单位的学习共同体，并通过选修和必修的学习方式持续落实。通过以特定培训内容为中心的"项目化"团队合作模式，结合教师之间的"立体交互式"教学模式，我们倡导"互为师长"的学习哲学，为各级教师在能力提升工程 2.0 中的独立成长提供一个支持平台，从而推动教师在信息技术能力提高过程中的自主进步。为了更好地满足各个年龄段和层次的教师的独特需求，并发掘他们在信息技术上的优势，我们打破了传统的"老教师引领新教师"的模式，尝试了多种组织策略，以促进教师的自主发展。通过围绕特定培训内容的"项目化"团队合作和教师之间的"立体交互式"教学模式，我们构建了"互相尊重"的学习哲学，为各级教师在能力提升工程 2.0 中的自主发展提供了有力的支持平台。

我们观察到，年轻的教师开始崭露头角，已经变成了能力提升工程 2.0 整体推进过程中的核心力量；具备一定信息技术专长的教师更倾向于在各种开放和展示活动中分享他们的经验，并在幼儿园的各种任务中表现出更高的主动性和更强的内驱力，这表明创新的培训机制能够有效地推动教师的自主成长。在 2.0 能力提升工程的整体推进过程中，我们高度重视培训内容的整理和创新实践经验的总结。最后，我们独立设计并开发了三套 2.0 能力提升工程培训活动资源（表 5-2），分别是《数据支持下的评价工具应用之"基于运动数据的教师支持"》《数据支持下的评价工具应用之"运动数据采集解读"》和《线上线下融合的教学之亲子园本活动的实施》。这三套资源总共包含十四讲，有效地将 2.0 能力提升工程的研修内容转化为实际的培训活动资源。这不仅为我们总结了宝贵的成果，还为实践经验在市、区、集团范围内的推广和辐射提供了强有力的活动资源支持。

表 5-2　培训活动下的活动资源创生总表

培训活动名称	活动资源内容
数据支持下的评价工具应用之"基于运动数据的教师支持"	第一讲：观察幼儿先行，对标确立观察方法和工具 第二讲：熟悉数据平台，学习运用平台调取数据 第三讲：学习优质案例，了解数据如何运用于集体运动方案的优化 I 第四讲：学习优质案例，了解数据如何运用于集体运动方案的优化 II 第五讲：优化观察工具，初步建立运动数据与行为联系
数据支持下的评价工具应用之"运动数据采集解读"	第一讲：运动数据采集 第二讲：运动数据解读——运动活动 第三讲：运动数据解读——幼儿与教师 第四讲：幼儿园运动健康管理平台 第五讲：手环日常使用五"看"
线上线下融合的教学之亲子园本活动的实施	第一讲：理论学习——《应彩云老师给杨浦幼儿园教师的一封信》 第二讲：学习与研讨家园共育的原则 第三讲：优质教育资源中"宅家爱运动"的应用 第四讲：基于五大领域核心经验的优质教育资源剖析与设计

在该课题的研究中，教师都将自己的所做所思进行总结，参加了《幼儿体育游戏的科学实施》的《教师成长个案》的编写工作。最后，项目组从中筛选出 19 个个案，编写成《我在"科学实施幼儿运动游戏"中成长》的个案研究。在对这些案例进行了解释和分析之后，我们发现，年轻教师的新的实践性知识并非是在平稳、平静中自然产生的，它是像图 5-1 所显示的那样，在被某些关键性的教学事件引发的问题情景触发之后，通过自我反省，使问题的焦点得

图 5-1　教师实践性知识的生成路径图

以显化，然后在体育游戏科学执行的过程中，在反思行为的推动下，最终形成了新的实践知识。

在此基础上，针对教师在体育游戏中是否能够激发真实情境、是否能够明确问题，是否会采取行动选择、是否能够促进体育游戏中新实践知识的产生进行分析。当问题情境没有被触发，或者被刺激得不清晰、不集中，或者明明知道了问题却不想去做，或者是进行了运动游戏，但没有进行反思，则教师的实践性知识的产生就会停滞或者退步，正如图 5-2 中的灰色虚线呈现的部分。

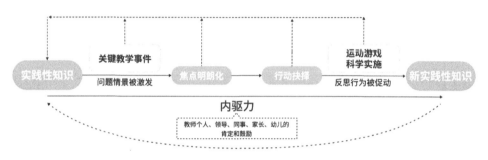

图 5-2 教师实践性知识的生成路径循环

同时，通过对教师成长的个案分析，我们还发现，只有"内驱力"能够支撑教师从实践知识向新实践知识的转变，使其获得持续的突破。而内驱力也是要被激励的，激励的对象可以是教师本身，也可以是领导，是同事，是父母，是幼儿。内驱力更多的是来自表扬和肯定的正面能量，它是通过"我被认可了"情绪体验而产生的，从而影响到新一轮的实践性知识生成。

第二节 家园合作沟通架桥梁

一、政策先发，家庭教育须指导

家园合作是幼儿健康、全面发展的需要，是教育治理现代化的题中之义。一直以来，家园合作在各类学前教育政策中均受到重视。如《幼儿园教育指导纲要》明确指出："家庭是幼儿园重要的合作伙伴。应本着尊重、平等、合作的原则，争取家长的理解、支持和主动参与，并积极支持、帮助家长提高教育能力。"随着 2022 年 10 月《中华人民共和国家庭教育促进法》的颁布，家园合作要求上升至法律层面。《家庭教育促进法》从地位、责任边界、目标、内容、方式等方面对家园合作过程进行了规定，其规定呈现出如下特征：将家园合作的经验法律化、家园合作场域从幼儿园延伸至家庭、体现幼儿发展为中心的核心目标、强调家庭在家园合作中的主体地位、明确幼儿园在家园合作中的促进义务、规范家园合作的程序和监督评价机制。《幼儿园工作规程》中提道："幼儿园应主动与幼儿家庭配合，帮助家长创设良好的家庭教育环境，向家长宣传科学保育、教育幼儿的知识，共同担负教育幼儿的任务。"幼儿园各方面的工作离不开家长的支持和理解，只有幼儿园和家庭双方相互信任、携手合作，才能提高家园教育合力，为孩子的快乐成长提供大力支持。

翔殷幼稚园形成一支协调运作、紧密参与、充盈正能量的家教队伍，整合家庭、社区、幼儿园资源，参与幼儿园管理，形成教育合力；参与幼儿园课程建设，让"让每个孩子享受乐动的幸福"课程理念深入家庭，共显幼儿园的运动特色，促进幼儿园的整体发展。这一目标并非一蹴而就，需要幼儿园、家长和社会的共同努力，营造一个和谐、积极、有益的家庭教育环境。乐陪伴善关爱，意味着家长要积极参与孩子的成长过程，不仅是物质上的满足，更重要的是情感上的陪伴和支持。家长应该多陪伴孩子，关注他们的情感需求，通过陪伴让孩子感受到家的温暖和安全。同时，家长要善于关爱，尊重孩子的个性和兴趣，鼓励他们勇敢尝试，不怕失败，培养孩子的自信心和独立性。乐合作爱沟通，强调的是家长与幼儿园之间的紧密合作和有效沟通。家长应该积极参与幼儿园的各项活动，与老师们保持密切联系，及时了解孩子在幼儿园的学习和生活情况。同时，家长也要鼓励孩子与同伴们友好相处，培养他们的合作精神和沟通能力。乐学习共成长，则要求家长自身也要保持学习的热情，与孩子一起成长。家长应该关注孩子的教育动态，了解最新的教育理念和方法，不断更新自己的教育观念。同时，家长也要以身作则，通过自身的言行举止影响孩子，培养他们的学习习惯和终身学习的意识。在共同学习的过程中，家长和孩子可以相互激励、相互支持，共同成长。

为了实现这一目标，翔殷幼稚园采取多种措施。例如，定期举办家长座谈会、亲子活动等，增进家长与幼儿园之间的了解和信任；开设家长学校、家庭教育讲座等，提供专业的家庭教育指导和服务；建立家长志愿者团队，鼓励家长参与幼儿园的管理和教学工作等。通过家长和幼儿园的共同努力和合作，促进他们的全面发展和健康成长。同时，这也是提高家庭教育质量、推动社会和谐发展的重要途径之一。

二、技术应用，运动手环须利用

教育信息化对家园合作也产生诸多益处。随着科技的快速发展，教育领域正经历着一场前所未有的变革。信息技术的广泛应用，不仅改变了传统的教学方式，还为家园合作提供了新的可能性和机遇。

教育信息化使得家园之间的信息沟通更加便捷。家长可以通过在线教育平台等途径，随时了解孩子在园的运动情况等。同时，教师也可以通过这些平台及时向家长反馈孩子的表现，共同探讨和解决孩子在运动、生活、学习过程中遇到的问题。这种信息的透明化和实时性，大大增强了家园之间的互信和合作，为孩子的健康成长营造了良好的环境。

教育信息化还丰富了家园合作的内容和形式。通过在线教育平台，家长可以参与到孩子的学习过程中，与孩子一起完成运动活动、进行在线互动等。这种参与不仅增进了亲子关系，还有助于提高孩子的学习兴趣和自主学习能力。同时，园所也可以利用这些平台开展线上家长会、家长培训等活动，提高家长的教育素养和参与度，促进家园之间的深度合作。

具体而言，翔殷幼稚园融合家长力量，共同开展基于智能运动手环的育人实践，包括：

第一，通过智能运动手环对幼儿进行健康评估，教师更准确地把握每个孩子的健康状况，并根据不同情况制定相应的干预措施和计划，以保证幼儿健康成长。在数据的支持下，更为精确和科学的评估不仅能帮助家长更直接地了解孩子，还能加强家庭与孩子之间的关系，促进孩子的全面成长。

第二，在户外活动中，教师不仅用肉眼观察孩子的身体反应，还会利用"翔殷幼稚园运动健康平台"的班级监控大屏幕来实时监测孩子的心率。在家长向老师询问孩子的运动状况时，老师可以调取该幼儿一天或一周以来的运动数据，让家长直观地看到孩子在运动中的情况。

第三，依托平台数据，让开学初期大量家长因为担心焦虑而每天想了解孩子在园情况的"信息轰炸"现象得到了有效缓解和改善。基于手环的实时监测，平台中的数据分析，高低强度的标准线解读，老师在与家长沟通的过程中，能潜移默化地将科学判断的依据传递给家长，家长能依据幼儿的表现进行更科学的观察判断，利用现代的信息技术也能协助家长在家庭的运动中开展科学观测，多方共同感受数字多媒体技术对于学前领域带来的变革。

利用科学的数据分析，教师可以在教育和教学过程中更为精确和科学地观察和解读幼儿的行为。当将这种教育理念传达给家长时，我们观察到家长对参与教育活动的意愿逐渐增强，并变得更加主动和积极。在家园协同教育的环境下，孩子有机会实现更为全面的成长，同时，父母也能在科学和专业的互动指导中，更加高效地执行科学的育儿方法。

三、协同一致，习惯养成须合力

随着时代的发展，社会越来越追求高质量的教育。实现高质量教育的一个重要的支持就是要形成教育合力，即儿童的发展是家庭、园所、社区共同作用的结果。2023年初，教育部等十三个部门联合印发《关于健全学校家庭社会协同育人机制的意见》（以下简称《意见》）提出要形成定位清晰、机制健全、联动紧密、科学高效的学校家庭社会协同育人机制。我们已经看到了这些措施带来的初步成果。教师们对于逐级责任和逐级会议制度的态度非常积极，这不仅提升了他们的工作效率，也使得整个幼儿园的工作氛围更加和谐，工作条理更加清晰。每位教师都明确自己的职责，知道如何在出现问题时迅速找到解决方法，这无疑极大地提升了我们应对各种挑战的能力。

翔殷幼稚园组织了"最受家长欢迎的教师"评选活动，不仅促进了教师们的积极参与和素养提升，也增强了家长与教师之间的联系，使得家长更加了解和支持我们的工作。对于家长工作的评估，我们始终坚持自评、组长评、家长评等多种方式相结合，确保评估结果的公正性和客观性。这不仅帮助我们了解了家长的真实需求，也让我们看到了工作中的不足，从而有针对性地进行改进。个性家长工作评选活动更是得到了家长们的热烈响应。家长们积极参与，提出了许多富有创新性和实用性的亲子活动建议。为了加强家园之间的沟通与联系，我们定期开展家访、家长开放日等丰富多彩的家园活动，增强了家长对幼儿园的信任感和归属感。

为了确保家庭教育工作的有序推进，我们每月都会召开家庭教育工作专题会议。在会议上，我们围绕学期重点工作、课题研究的推进、家校社资源的整合等议题展开深入研讨，解决家庭教育工作推进中各条块工作的协同问题。此外，我们还定期组织家庭教育指导工作核心研究团队会议，专注于开展家教指导和研修活动，不断提高教师的家庭教育指导能力。在"相约面对面"家长学校的基础活动构建方面，我们注重活动的系统性和实用性，为家长提供了一系列涵盖幼儿成长、家庭教育理念、亲子沟通等方面的活动。在 2023 年度，翔殷幼稚园成功创建市家庭教育示范校并形成"环链浸润式"协同模式。我们充分发挥家长、教师、社区等多方面的优势资源，形成了家园社区共同参与的良好局面。

为了让家长们在亲身参与中感受到孩子们的成长和进步，我们还邀请他们参与活动设计和实施，以更加深入地了解幼儿园的教育理念和方法。为了更好地服务家长和孩子们，我们还定期举办家长学校讲座和研讨会，邀请专家为家长们传授家庭教育知识和技巧。这些讲座和研讨会不仅提高了家长们的家庭教育水平，也增强了家长与幼儿园之间的沟通和信任。

总之，通过不断完善家园社区合作机制与平台、丰富家长学校活动内容、打造特色家庭教育品牌等措施，我们成功地提升了幼儿园家庭教育工作的水平和质量。在未来的工作中，我们将继续努力，为孩子们创造更加美好的成长环境。家长是孩子不可选择的第一任老师，家庭教育是孩子接受教育的开端。幼儿园是孩子受教育的主要阵地，也是孩子成长的主要阵地。唯有幼儿园的老师和家长密切结合、形成合力，才能真正使孩子全面发展、健康成长。

6

第 六 章

守正创新显成效

瓜熟蒂落，春华秋实，在新技术的有力支持下，幼儿园运动课程取得了显著成效。一是构建了课题研究三样态、数据成果三画像，促进幼儿能力提升；二是催生了专业发展三培法、管理机制三联动，推动教师持续发展；三是形成了活动实施三亮点、活动辐射三层级，引发运动课程进阶。新技术的引入为幼儿园运动活动带来了一场全方位变革，促进了多维度的优化与升级。

第一节 对照国家标准：幼儿体质与能力提升证据

一、课题研究三样态

2004 年起，翔殷幼稚园将基础性课程园本化，初步形成阳光运动特色课程。在近 20 年的不断探索与研究中，翔殷幼稚园构建了促进幼儿健康、和谐、快乐、阳光发展的阳光运动课程体系。以"合作互动，资源共享，自主开放，全面优质"为指导思想，使园所基础性运动课程园本化。在搭建完善运动课程体系后，翔殷幼稚园深耕科研与实践，形成了阳光运动活动方案，创设了大量运动特色活动内容（小社团、家园运动会、亲子游园会、游泳活动）等。同时，翔殷幼稚园重视运动教育环境的创设，开展了从运动健体到运动育人的研究与实践，使园所逐渐形成爱运动、会运动的氛围；不断提升教师运动活动的设计能力；为幼儿提供自主、宽松的运动区域，激发幼儿运动兴趣。

随着园所园级、区级、市级课题的深入研究与挖掘，翔殷幼稚园已成功实现让运动回归幼儿生活，提升幼儿体质的运动教育目标。以幼儿为本，以幼儿生活为中心，以运动为载体，以家庭为依托，在幼儿一日活动及家庭生活中开展形式多样的体育活动，探索幼儿运动生活化的方法、途径和策略，为幼儿园和家庭开展运动活动提供可借鉴的经验。在取得这些成绩的同时，翔殷幼稚园也积极推动了对运动活动的评价研究，逐步实现了对幼儿运动更加客观、科学、及时的评测。园所在研究中将信息技术切实有效地融入学前教育的运动中，运用智能运动手环技术采集幼儿活动、生理数据，进行幼儿运动量、运动强度和密度是否合理的判断对比研究，为建设和不断调整发展适宜性运动课程提供了重要依据，课题研究效果逐步显现。

翔殷幼稚园将继续深化园级、区级、市级课题研究三样态，以期更全面、更系统地推动幼儿运动课程的发展。在园级研究方面，翔殷幼稚园将进一步探索如何通过优化运动环境，激发幼儿的运动兴趣和参与度。通过持续改进运动设施和活动内容，希望能够更好地满足幼儿的运动需求，促进其健康快乐成长。在区级研究层面，翔殷幼稚园将致力于建立区域间的运动教育资源共享机制，促进各园所间的交流与合作。通过开展跨园联合活动和交流研讨会，可以互相学习借鉴，共同推动幼儿运动课程的进步。同时，翔殷幼稚园还将重点关注如何有效整合社区资源，将运动课程延伸至社区层面，实现园区一体化的幼儿健康成长。而在市级研究层面，翔殷幼稚园将着眼于推动幼儿运动课程的政策支持和规范制定。通过深入幼儿需求和政策环境，我们将提出相应的政策建议，促进幼儿运动课程的可持续发展。同时，翔殷幼稚园也将利用市级平台，积极组织幼儿体育教育的专题培训和学术交流活动，提升教师的专业水平和素养，从而更好地保障幼儿体质与能力的提升。

二、数据成果三画像

在开展幼儿运动活动时，翔殷幼稚园采用了"三数法"：数读幼儿法、数析方案法、数评实施法。通过这一方法，翔殷幼稚园成功地拓展了观察途径，全面了解了幼儿的生理数据，并通过排名功能对差异进行了深入分析。为幼儿体质与能力的提升提供了直接的证据。

以"数读幼儿法"，拓展观察途径。"数读幼儿法"是指教师在进行幼儿集体运动的准备、实施、评价三阶段中，对幼儿各项数据予以解读，从而全面和科学了解幼儿。除了每学期初收集的幼儿身高、体重、BMI等基础数据外，在幼儿园的一日生活中，教师可以通过智能运动手环平台实时观察到每一位幼儿的心率、血压、血氧、活动量、消耗的卡路里、午睡时长等，并可通过"排名"功能了解差异情况。值得一提的是，平台上的这些数据呈现出每个幼儿运动能力的差异、兴趣和乐趣的不同，教师可以根据每个幼儿的特点实现多维度、综合性、过程性的分析与评价，从而诊断和改进保教实施工作，为幼儿提供个性化教育方案。

以"数析方案法"，丰富计划参考。"数析方案法"是指教师利用幼儿运动数据，实现对活动方案的科学解读、制定、分析、优化。项目研究的每一次实践和研讨，就是利用幼儿运动数据对活动方案的结构、游戏材料、场地环境等要素逐一分析判断，以此作为进一步计划的参考。通过"数析方案法"，教师不再依赖主观判断，而是利用数据为方案的制定提供科学参考，从而提高方案的实施效果。从以往的"就方案说方案""就实施效果说方案"，到如今"数析方案法"的运用，教师以数为依据、以数为参考，建立起了方案各要素与幼儿之间的联系，切实提升了解读、制定、分析、优化活动方案的能力。

以"数评实施法"，提供优化实据。"数评实施法"是指教师利用统计分析后的可视化数据，了解、分析、评价运动游戏组织实施过程和情况的方法，它能为新一轮实施提供优化的实证依据。项目研究中，教师重点参考了集体运动中班级幼儿平均心率数据，并将实施情况还原其中，涵盖环节（热身、游戏、集中分享、放松）、时长、教师行为（语言、动作示范、组织管理等），以便综合评价实施效果，提出改进的依据和设想。"数评实施法"支持教师客观发现体育活动开展中的问题，为新一轮组织实施提供实证依据，从而更好地助力幼儿体质健康的提升。

数据成果三画像的综合运用在幼儿运动中取得了显著的成效。通过数读幼儿法、数析方案法和数评实施法的操作要素，我们不仅拓展了观察途径，全面了解了幼儿的生理数据，还成功地对差异进行了深入分析。这一方法的应用不仅提供了直接的证据支持幼儿体质与能力的提升，而且辐射到了个性化体育教育方案的制定，进一步推动了幼儿在运动中的全面发展。从依赖主观判断到以数据为依据的转变，标志着我们在幼儿运动管理方面迈向了更为科学和精细的时代，为幼儿的健康成长提供了坚实的基础。

第二节　聚焦素养提升：教师专业发展情况的评估

一、专业发展三培法

教师专业发展三培法具体包括研训合一法、导师介入法、接力前行法。

　　"研训合一法"作为教师专业发展三培法的重要组成部分，推行"训后研，研后训，研训合一"的培养模式。通过将研究和培训相结合，使得理论知识得以直接应用于实践。教师通过在实践研究与培训中持续滚动循环，实现了实践与理论的相互转化和促进。

　　"导师介入法"注重通过导师的指导和辅导，帮助教师解决实际问题。导师的介入不仅仅是传授经验，更是与青年教师共同成长的过程。这种亲密的导师关系使得青年教师在实践中更有安全感，也更愿意尝试新的教学方法。

　　"接力前行法"通过团队的协同合作，形成一种教育共同体，使得教师在整个团队中得以成长。知识和经验在团队中得以共享，促使教师形成更加全面的教育观念和实践经验。

　　教师专业发展三培法，以研训合一法、导师介入法和接力前行法为主要策略，旨在为教师的成长提供全方位的支持和指导。这三种方法相辅相成，形成了一个有机的体系，通过相互补充和互动，实现了教师专业发展的良性循环。研训合一法使得理论与实践之间建立了紧密的联系，导师介入法则在个体层面上提供了针对性的指导和关怀，而接力前行法则在团队层面上促进了共享与协作。这种多元化的培养模式不仅提升了教师的专业水平，也激发了教育团队的凝聚力和创造力，从而辐射出更为广泛的教育成效。

　　在教师专业发展三培法的教师培养模式推动下，青年教师积极性被显著激发。青年教师的专业抱负开始得到明确表达。在学期园务计划修改意见听取会上，5年教龄的青年教师屠怡雯老师就明确提出了对智能运动手环的研究期望，表达了对科学实施幼儿运动游戏的渴望。项目研究为青年教师提供了追求卓越的机会，使其在专业发展方向上有了更为明确的目标。青年教师们在项目推进的过程中，不仅在表面上展现了积极性，更在内在动力上得到增强。青年教师不断参与区级课题和上海市幼儿体育协会的培训，显示了她们对专业的热情。同时，青年教师的积极性不只体现在课题的自主申报上，还体现在参加培训、获得资格证书的过程中。由此可见，该项目研究不仅提升了她们的实际操作能力，更激发了对专业发展的内在渴望。

　　随着研究项目的开展与对园所教师专业发展方面的不懈培养，教师在运动育人方面的实践能力逐渐提升。在上海市教委调研中，青年教师的实践能力得到了充分展示。特别是在2021年5月14日，上海市教委委托幼处来园作智能运动场景调研。在此次调研中，教龄仅有3年的黄一凡老师向大家展示了她设计的运动游戏《小鸡快跑》。这次展示收获了肯定，不仅为黄一凡老师个人赢得了认可，也进一步激发了整个青年教师群体的实践动力。同样在 2021 年 6 月，教龄仅有 5 年的青年教师陆思琪老师参加了区第九届"百花杯"教育教学评比活动。在这次评比中，她选择了区域运动作为参评的低结构活动。她细致专业的观察指导、简洁清晰的动作讲解、灵活有序的班级组织等受到了现场专家的好评。最终，陆思琪老师荣获了杨浦区第九届"百花杯"教学评比一等奖。这样的成绩不仅是对陆思琪老师个人能力的充分认可，也为整个青年教师群体的实践能力提升树立了榜样。

二、管理机制三联动

翔殷幼稚园动员园所教师参与运动活动教育实践，将"三乐"文化作为园所教育教学工作的指导。同时围绕运动教育主线，分解研究"新技术支持下幼儿园运动课程的研究与实践"这一龙头课题，由各部门承担相关研究。此外，发布子课题群，鼓励各年级、各班级及教师个人进行课题研究，形成子课题群，构建"三级网络"联动机制，形成了科研引领，构建总课题—子课题—个人课题群的教师科研管理三联动网络。

在科研课题开展过程中，翔殷幼稚园课题组的"三级网络"联动机制包括课题组长、各子课题牵头人、子课题研究人员；组织研究人员每学期制定研究计划，撰写研究小结；建立每月一次反思、研讨、交流课题例会的制度。在研究过程中，召集课题组成员开展头脑风暴，及时总结、积累；邀请市区专家对研究成果进行有针对性的指导；组织课题组成员撰写子课题报告。

针对教师教研能力的提升，翔殷幼稚园提出了教师教研能力提升的四大途径：专家引领、专题研修、骨干辐射和团队建设。专家引领是由园所成立课题总项目组，外聘理论层面专家、市区科研院所等方向的专家，培养教师理论与实践相结合的研究能力；专题研修是园所开展运动教育专题培训，通过先后邀请高校、上海市教研室、杨浦区教育学院等单位的专家进行指导和引领，培养研究的骨干力量；骨干辐射是指子课题牵头人作为骨干人员，宣传运动育人的知识与技能，使得园所教师更深入、更准确地了解运动育人，不断提升自身体育素养，为龙头课题研究创设必要的氛围；团队建设是在课题的研究过程中，全园各部门、各年级、各教研组都组建子课题研究团队，团队成员一起出谋划策，商讨子课题内容、设计活动方案，在合作的过程中碰撞出智慧的火花，在同甘共苦中分享胜利的喜悦。

通过教师管理三联动网络的实施，翔殷幼稚园成功地构建了一个有效的科研引领机制。在这个机制下，各级教师都得到了充分的指导和支持，从总课题到子课题再到个人课题，形成了扎实严谨的科研网络。通过专家引领、专题研修、骨干辐射和团队建设等途径，翔殷幼稚园不仅提升了教师的教研能力，也激发了他们的创造力和团队合作精神。三联动网络不仅仅在教师个人能力的提升上取得了显著成效，更在辐射带动整个园所的教育教学工作中发挥了重要作用。每一个子课题的研究成果都可以辐射到整个园所，为翔殷幼稚园的教育实践提供了有力的支持和指导，推动了园所教育教学工作的不断创新与发展。因此，翔殷幼稚园相信，通过持续不断地完善和强化三联动机制，翔殷幼稚园的教育教学水平将会迈上一个新的台阶。

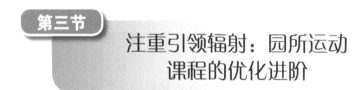

第三节　注重引领辐射：园所运动课程的优化进阶

一、活动实施三亮点

在翔殷幼稚园开展新技术支持下幼儿园运动课程的研究中，幼儿集体运动具体实施的过程中主要有三大亮点：一是明确了幼儿科学运动的七原则，使其设计更贴合幼儿身心发展特点；二是提炼出了开展幼儿集体运动的四要素，使运动的开展更符合幼儿的运动负荷；三是开发了幼儿运动特色活动的评价与监控体系，使幼儿的运动可以不断优化调整。活动开展的三大亮点更好地助力了翔殷幼稚园从运动健体到运动育人行动的调整。

园所运动的第一大亮点是对幼儿运动"七原则"的明确与遵循。这七项原则分别是目的性、教育性、适量性、结构性、渐进性、层次性和兴趣性。这些原则构成了我们科学化集体运动设计和实施的基石，确保了幼儿运动的全面发展。这七个原则相互交织，共同构建了一个全面而有机的运动活动框架。目的性和教育性原则保障了运动活动既有明确的目标，又能促进幼儿的全面发展。适量性原则确保了运动量既能满足幼儿的身体需求，又不至于过分疲劳。结构性原则使得运动有条不紊，渐进性和层次性原则则保证了运动难度和复杂度的逐步增加，适应幼儿的发展水平。兴趣性原则则激发了幼儿对运动的积极参与和主动学习。

园所运动的第二大亮点是对幼儿运动活动"四要素"的提炼与实践。在运动活动的进行中，翔殷幼稚园深刻认识到场地、器械、时间和规则是需要重点关注的"四个要素"，而通过实践，翔殷幼稚园提出了以"四要素"调控运动量的策略。这些要素的变化直接影响着幼儿运动的负荷，因此翔殷幼稚园注重在实际操作中及时调整环境、材料和规则，以最大限度地促进幼儿积极的运动体验。

运动课程场地与器械的多样性：翔殷幼稚园认识到场地的多样性对于激发幼儿兴趣和调整运动量具有关键作用。因此，翔殷幼稚园提倡多变灵活的场地设置，并通过观察分析不同场地特性与幼儿运动量之间的关系，进行合理规划和调整。例如，翔殷幼稚园研究了"口"字、"回"字、"工"字等不同场地特性，以确定其对幼儿活跃参与的影响，并根据观察结果灵活调整场地布局，以最大化引导幼儿的运动参与。器械的选择也是翔殷幼稚园着重考虑的方面。翔殷幼稚园坚持投放简单的、生活中常见的、支持一物多玩的材料，以确保器械能够激发幼儿的兴趣。更重要的是，翔殷幼稚园根据不同年龄段的幼儿，对其适合发展的不同动作以及相应动作的运动量进行详细梳理。这样的差异化设计旨在确保器械的选择既能促进身心全面发展，又符合幼儿的发展阶段和兴趣特点。

运动课程时间与规则的协同控制：在运动课程的时间管理方面，翔殷幼稚园强调在活动前充分预估时间，确保每个环节有足够的时间用于幼儿的参与和体验。在活动中，尤其是在集体运动中，翔殷幼稚园注重有力地控制活动强度和密度。这涉及对活动设计的合理安排，以确保活动的进行既充分利用时间，又不使幼儿感到过于疲劳。这种协同控制的方法旨在保障幼儿在运动课程中既能够充分参与，又能够保持良好的身体状态。在规则的制定方面，翔殷幼稚园始终坚持规则不应太烦琐，要服务于运动的目的。过于烦琐的规则可能使幼儿感到困扰，影响他们的运动积极性。因此，翔殷幼稚园确保规则的设置简明清晰，以便幼儿理解和遵循。规则的设计要符合幼儿的认知水平和学习需求，服务于整个运动课程的目标，从而在规范行为的同时不妨碍幼儿的主动参与。

园所运动的第三大亮点是构筑了幼儿运动特色活动的评价与监控体系。为了科学评价幼儿的运动行为，翔殷幼稚园建立了全面的幼儿运动评价体系。通过《幼儿运动行为观察表》的使用，翔殷幼稚园能够综合观察和评价幼儿的基本动作技能、运动负荷外显指标、心率变化、活动轨迹以及运动品质，为教师提供科学客观的评价工具，以便更好地指导后续运动课程的设计与实施。

在运动设计中，翔殷幼稚园注重活动结构和运动量的平衡。动静交替、强弱结合的活动节奏感是翔殷幼稚园追求的活动结构，通过这种方式，翔殷幼稚园既满足了幼儿对丰富活动的需求，又避免了过于单一的运动形式。在评价幼儿运动量时，翔殷幼稚园综合运用适量性原则、结构性原则和渐进性原则，确保幼儿在运动中既能够感受到挑战，又不至于过度负荷。由易到难、由简到繁、由弱到强的渐进性原则在这里得到了有机的结合，为正确评价幼儿运动的适宜性提供了有力支持。

二、活动辐射三层级

在新技术支持下幼儿园运动活动的研究与实践中，翔殷幼稚园始终秉持从运动健体到运动育人的翔殷行动，致力于在幼儿体育领域展现出独特的活动辐射效应。通过在园级、区级和市级层面的努力，翔殷幼稚园的运动活动不仅在园所内部得到了全面发展，更在区域范围内产生了积极的影响，进而扩展到了市级，为幼儿活动开展提供了宝贵的经验。

在园级层面，翔殷幼稚园将运动活动的实施与园所的整体发展目标相结合，通过建立丰富多彩的运动课程和活动，提升了园所的整体教育质量。翔殷幼稚园注重每位幼儿的个体需求和发展特点，在运动课程的设计与实施中，充分考虑了幼儿的身心发展水平，努力让每个孩子都能够获得积极的运动体验。通过这种方式，翔殷幼稚园不仅提升了园所的整体运动活动水平，也为孩子们的全面发展奠定了坚实的基础。

在区级范围内，翔殷幼稚园积极分享了在幼儿运动活动方面的经验与成果，与其他幼儿园进行交流合作，共同推动区域内幼儿运动研究的发展。翔殷幼稚园组织了一系列的培训和交流活动，邀请专家学者和业内人士共同探讨幼儿运动活动的最佳实践，并将翔殷幼稚园的成功经验与他们分享。通过这种跨园交流与合作，翔殷幼稚园不仅为区域内的幼儿园提供了宝贵的经验借鉴，也促进了区域内幼儿运动活动水平的整体提升。

在市级层面，翔殷幼稚园将幼儿园运动活动的成功经验转化为品牌影响力，积极参与市级的幼儿活动相关纵向项目的申请。以园所自身的特色和优势，打造了独具一格的幼儿运动活动品牌，并在市级范围内进行推广和宣传。翔殷幼稚园还积极参与市级运动研究，展示我们的运动活动建设成果，并且与其他优秀园所进行交流和合作，共同推动市级运动课程的发展。通过这些努力，翔殷幼稚园的运动课程理念和实践经验得到了更广泛的传播和应用，为市级幼儿园的运动课程工作注入了新的活力和动力。

在活动辐射三层级的实践中，翔殷幼稚园始终秉持着开放合作、创新发展的理念，不断探索幼儿体育活动的最佳实践，并将其有效地传播和推广。通过园级、区级和市级的努力，翔殷幼稚园不仅提升了园所的整体教育质量，更促进了区域内幼儿运动的全面发展。翔殷幼稚园将继续致力于推动幼儿的健康发展，为幼儿的全面成长和未来发展做出更大的贡献。

7

第 七 章

继往开来谱新篇

新技术带来的课程样态升级并非终点，而是新的起点。在系统回顾已有成就的基础上，我们一方面要规避技术引入带来的挑战与风险，另一方面，要坚持育人本位，以运动活动为支点，推动五育融合、撬动数智转型、带动协同共育，不断顺应新时代的要求与挑战，持续面对学前教育的高质量发展。

第一节　回顾过去：技术与教育的互动融通

基于长期的实践积淀，翔殷幼稚园逐渐凝炼出"课题研究三样态""数据成果三画像"，推动了幼儿体质与能力的提升；总结出"专业发展三培法""管理机制三联动"，推动了教师专业的持续发展；显现出"活动实施三亮点""活动辐射三层级"，促进了园所运动活动的优化进阶，并有助于进一步提升学前教育的质量，为每个幼儿创造更美好的成长环境。

在新技术的支持下，翔殷幼稚园的运动活动得到了质的飞跃和进阶，实现了对幼儿运动数据的全面观察和分析。通过智能运动手环的数据采集，我们不仅能够更全面地了解每位幼儿的运动状态，还能够进行跨班级、跨年级的数据对比分析，发现潜在问题并制定相应策略；不仅了解了幼儿的运动能力，还能发现潜在的兴趣和潜质，为幼儿的兴趣培养提供科学依据。新技术的运用为学前教育注入了新的活力，科学、个性、趣味同行成为学前教育的新标杆，为幼儿的身心健康发展奠定了坚实基础。

在继续深耕园本运动实践的过程中，我们需要紧跟时代的步伐，不断迎接运动领域的新挑战，如：运动内容的更新与优化，不断吸收前沿科研成果，使运动实践始终保持在时代前沿；加强团队建设，培养更多具备信息素养和数据分析能力的专业人才，使他们能够更好地应对运动领域的挑战；重视与家长的深度合作，通过数据的共享和解读，使家长更好地参与到幼儿的运动教育中，形成共同育人的合力等。

不过，尽管数据赋能在科学实施中发挥了不可忽视的作用，我们也需要正视其局限性。一方面，虽然智能运动手环提供的数据已经较为丰富，但在数据的覆盖面和准确度上还有一定的进步空间，未来有待更全面、更深入地挖掘和分析相关数据，以更精准地了解和促进幼儿的健康生活。另一方面，在运动数据的收集与利用中，我们也面临一系列共鸣挑战与数据隐忧，如考虑到家庭环境的多样性，如何在居家运动中实现科学实施仍需要进一步探索。家庭共育不仅仅是数据的传递，更是一种理念的共鸣，家长的参与度、居家运动方案的制定与指导等方面，都需要在实践中不断调整和优化。在未来的研究中，可以尝试拓展家庭共育的模式，例如通过协商式的科学实施来推进幼儿运动的家教指导；通过与家长充分沟通，形成一致的育儿理念，以期在家庭中延续幼儿科学运动的推动等。简言之，在未来的发展中，我们需要不断努力解决数据的局限性问题，以更好地引领学前教育迈向数字化时代的未来。

第二节 展望未来：从运动健体到运动育人

随着教育教学改革的不断推进，学前教育正逐渐回归育人本位，愈发强调幼儿的素质教育、全面发展等。幼儿运动活动的价值不再局限于强身健体，而应与其他活动相融合，培养每个孩子未来发展所必需的关键品格和必备能力，撬动其综合素养的提升，为其终身发展奠定坚实的基础。这一样态契合了从"五育并举"到"五育融合"的教育发展趋势，呼应了教育高质量发展的时代要求。对于园所发展而言，应在现有运动活动的基础上，持续优化课程结构、丰富课程资源、完善育人活动、健全课程评价等，推动整体课程的质量提升。并在此基础上，以运动活动为支点，撬动园所各方面工作共同发展，打开运动育人的新局面。

一、优化园本课程实践：柔和运动与一日生活之边界

信息技术已经深刻改变了教育的面貌，而在运动育人领域，其潜力尚未充

分挖掘。未来的研究方向之一是更深入地推动信息技术在运动育人中的创新应用。智能运动手环在过去的研究中已经展现出了巨大的潜力，但我们仍须不断迭代和完善，以更好地服务于幼儿的健康成长。在信息技术的支持下，我们可以进一步挖掘运动数据的潜在价值，通过制定更加智能、个性化的运动方案，为每个幼儿提供更科学、更专业的运动育人服务。践行五育融合精神，全面提升课程保教质量。具体而言，可从以下几个方面着手。

第一，立足教育数字化转型，优化运动特色课程，提升课程有效性。充分开展课程实施调研，总结分析课程实施中的问题，优化幼儿园课程结构，调整课程实施方案，并重点完善运动活动实施方案。持续进行听课评课、周计划和日计划的审核，加强保教质量的日常监控力度，提升实施方案的科学性、可操作性等。

第二，依托大数据技术支持，转变幼儿活动方式，关注幼儿主体性。继续挖掘智能运动手环的功能，更加全面地掌握幼儿的运动数据，加强对数据结果的分析，进而灵活调整活动方式等。在实践过程中，应开展"运动活动观察与评价"的专题教科研训行动，力图在过程中不断生成有意义的活动，捕捉其中的兴趣变化、细节动作等，不断识别并评估其对于活动改进的价值，凸显幼儿的主动性、能动性。

第三，创建体育生活化空间，构建多彩体育生活，丰富课程层次性。着力消弭运动与一日生活的壁障与隔阂，推动运动活动与一日生活的深度融合。基于课程实践，进行以场景理论为基础的幼儿园运动课程资源图谱开发，依托数字化平台，完成科学运动活动的场景搭建。挖掘家园社区资源，全方位了解幼儿运动及其他活动情况，丰富课程资源，拓展运动育人场域，让幼儿在更加广阔与生活化的空间里体现多彩运动生活，提升综合素养。

第四，优化多元化评价体系，培养幼儿体育素养，促进发展全面性。逐步制定幼儿园幼儿体育指标体系，通过多轮的问卷调查和数据分析，结合实践反馈及专家意见等，不断对指标体系进行调整，最终形成较为系统全面、科学精准的多元化评价体系，更加有针对性地进行课程改良等。

二、数字信息深度赋能：从育人平台到智慧校园建设

面对时代挑战，翔殷幼稚园将不断探索以"信息赋能"来提升幼儿园发展

的整体能效，新技术的支持将不再局限于运动活动的监测，而会延伸到全园的整体规划与发展，基于真实问题、采用整体规划、分步实施的方法，架构支持多系统互联共通的数据共享平台，推动数字信息深度赋能，开启智慧校园的建设等。具体而言，一则梳理需求，明确所建平台的主要业务模块；二则架构数据共享平台，实现一数一源，共生共用；三则整合各类软件，优化业务流程，提升数字环境中信息流转的效率；四则以平台融通为基础，实现手机、电脑、班牌等多屏融合，实现教工、家长、幼儿一体化的"一网通办"等。此外，在推进智慧校园建设中，还应抓住两个重点。

第一，完善信息管理制度，加强乐智云平台建设与应用。乐智云建设包括家庭云、教师云、分部云、园所云、集团云，以乐智信息赋能幼儿发展，开展个体数字画像及群体数字画像。设置翔殷幼稚园数字大屏，加强幼儿园一体化运用。基于动态数据分析的幼儿体育素养提升智能平台技术架构，包括数字基座、数据采集、数据处理、应用终端、功能应用、数据应用，开发和完善信息赋能家园共育场景。

第二，加强教师信息化培训，提升园所整体工作效能。围绕乐智信息 App平台，开展教师培训工作，使教师掌握信息平台的应用功能与使用方法。依托乐智信息平台数据，收集运动活动案例并进行分析，进一步加强教师对信息化平台的掌握和运用。基于教师数字画像，不断推进个性化的专业发展支持等。

在新技术支持下，翔殷幼稚园将实现更加长远视角的规划与建设，力图形成一个乐智云（智慧云大脑），四大体系（健康保育、科学教育、智慧管理、家园社区），N 个场景（安全管理场景、健康保育场景、家园共育场景、班级育人场景、体育运动场景、智能膳食场景、健康体测场景、教师发展场景等）的智慧校园发展格局，更好地推进幼儿、教师成长以及园所的高质量发展。

三、家园社区多方联通：全方位打造运动育人共同体

运动育人的过程不能仅凭园所单方的努力，而应充分整合有生力量，建立更加广泛的协同育人机制。优化整合教师发展内容，培养教师信息素养，提升其进行数字化运动教育的能力；不断提高家长参与度，细化家长学校课程，深化家园课程协同开展；发挥社区育人的功能，充分利用社区资源，全方位打造运动育人共同体等。

第一，激活教师发展内驱动能，助推育人方式转型。优化整合教师培训内容，积极探索教师专业培训机制与发展模式。开展关于教师专业发展的现状调研，了解教师的发展困境、需求，深度分析每位教师的发展情况，建立完善的教师发展档案，细化每一位教师的培训和成长过程。优化"3×3培养机制"，完善"立体交互式分层培训机制"，加强带教培训、专项培训和特长教师培养。完善教师考核激励方式，将日常展示交流活动、科研成果、教学成果、案例论文等纳入教师考核内容，激发教师的成长内驱力等。

第二，完善家园合作长效机制，深化家园课程协同开展。健全家园社区合作机制与平台，进一步丰富家长学校课程，打造有特色的家园活动品牌，提升家园的互动质量与满意度，提升幼儿园家庭教育工作的水平和质量。每月召开家庭教育工作专题会议，围绕学期重点工作、课题研究的推进、家园资源的整合开展研究，解决家庭教育工作推进中各条块工作的协同问题，不断完善"环链浸润式"协同机制，集合家长智慧，提高家园共育水平。

第三，拓展行走社区主题活动，凸显社区场域育人价值。加强"相约手牵手"社区共建，完善拓展请进来、走出去、重辐射等开展形式。打造"三个百年远足行"系列品牌，开展百年大学实践活动，包括复旦大学、同济大学、上海理工大学等；开展"三个百年远足行"之百年工业实践活动，参观了解杨树浦水厂、上海机械织布局等工业基地；开展"三个百年远足行"之百年市政实践活动，参观学习原上海市图书馆、博物馆、江湾体育场等历史基地。充分利用高校、科研园所等社会资源，如加强与上海体育大学的深入互动，联合开展系列幼儿体育运动活动，举办体育赛事等。

总之，应加强合作交流、资源共享，构建与完善家园社"三结合"教育网络，深化"相约"家教品牌建设，最大程度彰显家园社协同育人价值，推动运动育人的全方位落地。

四、以点带面助推生长：一个支点撬动园所全局发展

新技术的引入不仅改良了具体的活动形式，更深刻影响着园所工作的思维方式。在适应数字化环境的过程中，应有意识地将信息技术和教育实践融合起来，建立利用信息技术解决问题的思维模式，创新教学方式，再造管理流程，推动精准评价等。在运动育人的基础上，推动园所多方面全局发展。

第一，健全信息化管理系统，推进管理效能提升。面对时代挑战，翔殷幼稚园将不断探索以"信息赋能"来提升幼儿园的管理能效，以数字平台满足园所信息公开、入园信息登记管理、在园幼儿信息管理、教职工管理、保教管理、园务办公管理等多方面的管理需求，对数据进行精准有效的加工、分析与判断。利用数据分析结果，把握园所发展的潜在信息，加强园所发展的深层思考等。

第二，优化教科研训一体化机制，实现多项工作互促互生。针对运动育人实践中的问题，进行常态化的教研和科研行动，并结合过程中存在的疑难困惑，开展系统化的师训活动，以教科研训一体化推动运动育人的螺旋式上升。此外，应重视以课题研究赋能运动育人，如联合《指向体育素养的幼儿园园本化运动课程的实践与循证研究》推动运动育人方面理论与实践的交互融合等。

第三，数字赋能监测与评价体系，以评促改，以评促建。全方位完善幼儿、教师、家长、课程、管理等各个对象的评价指标体系，坚持多主体、多元化、客观性、过程性、发展性、指导性等原则，综合运用现场观察法、档案袋法、问卷法、访谈法等，推动科学评价结果的生成，并在评价基础上，推动运动育人互动的反馈和改进等。

总而言之，运动育人不仅意味着活动形式的改变，更反映了教育理念、育人方式的深层转型。随着信息化、数字化以及人工智能时代的到来，每位教育实践者都应当做好准备，迎接学前教育高质量发展的新时代。

参考文献

［1］陈诗佳，王楚豫，谢磊.基于智能手环运动状态的音乐生成系统［J］.郑州大学学报（理学版），2021，53（04）：95-101.

［2］韩姗姗，李博.协同治理视角下青少年体质健康的社会化服务体系构建研究［J］.文体用品与科技，2023（14）：34-36.

［3］蒿莹莹，张琳，马晓凯，等.运动智能手环监测身体活动量的效度研究进展［J］.上海体育学院学报，2019，43（04）：73-83.

［4］蒿莹莹.运动智能手环监测青少年不同类型身体活动的效度研究［D］.上海体育学院，2018.

［5］季良平.幼儿户外体育活动评价探析［J］.科教导刊（下旬），2016（18）：148-149.

［6］江礼磊，黄谦，侯宇洋，等.数智技术赋能学校体育现代化的作用机理、应用场域与实践路径［J］.体育学研究，2023，37（04）：67-78.

［7］孔令凯，王森.人工智能辅助姿态识别和运动处方的研究［J］.现代电子技术，2024，47（04）：139-142.

［8］李博，洪金涛，孙建刚，等.国际儿童青少年基本运动技能研究的热点解析（1990-2019）［J］.成都体育学院学报，2020，46（03）：26-32.

［9］梁慧怡，余佳琪，丘悦，张韵.教育数字化转型赋能幼儿园教育高质量发展［J］.中小学数字化教学，2024（02）：15-19.

［10］牛秀敏.物质性视角下智能手表和手环使用的媒介实践研究［D］.北京外国语大学，2023.

［11］上海市教育委员会.上海市学前教育与托育服务发展"十四五"规划［EB/OL］.（2022-01-10）［2023-11-16］.https://www.shanghai.gov.cn/gwk/search/content/241fb3bef1dd41348d29dc2b4d028224.

［12］上海市教育委员会教学研究室.上海市幼儿园办园质量评价指南（试行稿）［M］.上海：上海教育出版社，2020.

［13］尚猛，李辉，万只鹏，等 . 海外用户对智能健康穿戴设备持续使用意愿的模型构建及实证研究——以小米运动手环在韩用户群为例［J］. 数学的实践与认识，2019，49（07）：9-19.

［14］苏水军，杨管，庄维友，等 .5 款智能运动手环健康管理的实效性比较［J］. 体育学刊，2018，25（03）：67-73.

［15］孙世娇，张以 . 成都市幼儿排球特色活动内容设置研究［J］. 当代体育科技，2022，12（29）：103-106.

［16］谭颖，曹敏，陈美铃，等 . 智能运动手环在社区 2 型糖尿病患者中的长期应用效果研究［J］. 中国全科医学，2023，26（10）：1264-1270.

［17］陶春雷 . 基于健康体适能幼儿体育活动的评价体系研究［J］. 才智，2018（35）：1.

［18］滕守峰 . 体育教学中运动负荷的调整与控制探析［J］. 文体用品与科技，2018（21）：142-143.

［19］王光旭，张铈堃，苏杉，等 . 不同体育活动方案干预对学龄前儿童基本动作技能的影响［J］. 上海体育学院学报，2023，47（09）：85-94.

［20］王戬勋，于方方 . 数字时代背景下高校体育教育数字化的新场景、新空间与新动能［J］. 哈尔滨体育学院学报，2024，42（01）：57-64.

［21］王康虎 . 小学体育体能训练游戏化策略研究［J］. 小学生（上旬刊），2023（04）：10-12.

［22］王林，胡梦迪，朱文静 . 运动社交平台对用户使用智能手环行为的影响研究［J］. 信息资源管理学报，2017，7（03）：5-14+44.

［23］王簌 . 两款智能手环监测不同运动项目心率的信效度研究［D］. 首都体育学院，2023.

［24］王志超 . 两款运动智能手环测量跑台跑能量消耗的有效性研究［D］. 北京体育大学，2021.

［25］吴端萍 . 运动区中幼儿学习与发展的观察评价［J］. 福建教育，2015（Z3）：69-70.

［26］吴升扣，熊艳，王会会 . 动作发展视角下幼儿韵律性身体活动开展与设计的调查研究［J］. 北京体育大学学报，2017，40（04）：89-96.

［27］谢琴 . 高校学前教育实践教学有效性探索［J］. 中国高新区，2018（14）：61.

［28］辛飞，蔡玉军，鲍冉，等 . 国外幼儿基本动作技能干预研究系统评述
［J］. 体育科学，2019，39（02）：83-97.

［29］许存林 . 小学智慧体育：提升学生体质的新路径［J］. 文体用品与科技，
2024（02）：178-180.

［30］张飞飞 . 基于"智慧体育课堂"背景贯彻体育教学原则的意义、困境及
实施路径［J］. 体育科技文献通报，2024，32（01）：225-228.

［31］张雨竹 . 学校体育训练中体育器材的科学应用探究［J］. 文体用品与科
技，2024（03）：142-144.

［32］张志浩 . 基于智能手环的人体运动信息采集与分类技术研究［D］. 南京
师范大学，2018.

［33］中共上海市委，上海市人民政府 . 中共上海市委、上海市人民政府关于
推进学前教育深化改革规范发展的实施意见［EB/OL］.（2020-03-31）
［2023-11-17］. https: //www.shanghai.gov.cn/nw44142/20200824/0001-
44142_64604.html.

［34］中华人民共和国教育部 . 教育部关于印发义务教育课程方案和课程标
准（2022 年版）的通知［EB/OL］.（2022-04-08）［2023-11-05］. http: //
www.moe.gov.cn/srcsite/A26/s8001/202204/t20220420_619921.html.

［35］中华人民共和国教育部 . 幼儿园教育指导纲要（试行）［M］. 北京：北京
师范大学出版社，2001.

［36］中华人民共和国义务教育法［EB/OL］.（2005-05-25）［2023-11-15］.
https: //www.gov.cn/banshi/2005-05/25/content_920.htm.

［37］钟宁 . 基于交互技术的智能运动穿戴产品设计研究及实践［D］. 山东工
艺美术学院，2021.

［38］周念丽，柳倩，张晔 . 学前儿童健康学习与发展核心经验［M］. 南京：
南京师范大学出版社，2016.

［39］周文水 . 体教融合，多元发展——小学体能学、练、赛、评一体化教学
策略研究［J］. 体育世界，2024（01）：65-67.

［40］庄秋萍 . 户外自主性体育游戏中幼儿运动智能评价的实践研究［J］. 早期
教育（教育科研），2019（06）：35-38.

［41］Golle K, Granacher U, Hoffmann M, et al. Effect of living area and sports club
participation on physical fitness in children: a 4 year longitudinal study［J］.

BMC Public Health, 2014（14）: 499.

[42] Venetsanou F, Kambas A. Physical activity promotion in Greek preschools: the gap between theory and practice [J]. Early Childhood Education Journal, 2017, 45（3）: 437-444.

[43] Zaqout M, Michels N, Bammann K, et al. Influence of physical fitness on cardio-metabolic risk factors in European children: the IDEFICS study [J]. International Journal of Obesity, 2016, 40（7）: 1119-1125.